电子图书的定价及供应链协调问题研究

李 燕 著

东南大学出版社
SOUTHEAST UNIVERSITY PRESS
·南京·

图书在版编目（CIP）数据

电子图书的定价及供应链协调问题研究 / 李燕著.
南京：东南大学出版社，2024.7. -- ISBN 978-7-5766-
1461-9
Ⅰ. G239.2
中国国家版本馆 CIP 数据核字第 2024WT6904 号

电子图书的定价及供应链协调问题研究

Dianzi Tushu De Dingjia Ji Gongyinglian Xietiao Wenti Yanjiu

著　　者	李　燕
出版发行	东南大学出版社
社　　址	南京市四牌楼 2 号（邮编：210096　电话：025 - 83793330）
出 版 人	白云飞
网　　址	http://www.seupress.com
策划编辑	孙松茜
责任编辑	孙松茜
责任校对	韩小亮
封面设计	王　玥
责任印制	周荣虎
经　　销	全国各地新华书店
印　　刷	广东虎彩云印刷有限公司
开　　本	700mm×1000mm　1/16
印　　张	8.25
字　　数	166 千字
版　　次	2024 年 7 月第 1 版
印　　次	2024 年 7 月第 1 次印刷
书　　号	ISBN 978 - 7 - 5766 - 1461 - 9
定　　价	68.00 元

（本社图书若有印装质量问题，请直接与营销部联系。电话：025 - 83791830）

目 录

第一章 绪论 …………………………………………………………… 1
  1.1 研究背景 ………………………………………………………… 1
  1.2 研究内容 ………………………………………………………… 3
  1.3 研究方法及研究路线 …………………………………………… 6
  1.4 主要研究结论 …………………………………………………… 7
  1.5 本研究的创新点 ………………………………………………… 8
  1.6 本章小结 ………………………………………………………… 9

第二章 文献综述 ……………………………………………………… 10
  2.1 与电子图书相关的研究 ………………………………………… 10
  2.2 数字产品供应链管理研究 ……………………………………… 24
  2.3 多渠道供应链管理研究 ………………………………………… 26
  2.4 文献述评 ………………………………………………………… 38

第三章 电子图书供应链特点分析 …………………………………… 40
  3.1 传统纸质图书供应链特点 ……………………………………… 40
  3.2 电子图书供应链特点 …………………………………………… 42
  3.3 电子图书供应链和传统纸质图书供应链比较 ………………… 44
  3.4 读者的图书产品选择策略的分析 ……………………………… 46
  3.5 本章小结 ………………………………………………………… 52

第四章　电子图书定价及产品出版形式选择策略分析 ………… 53
4.1　模型建立及基本假设 ……………………………………… 53
4.2　仅出版一种形式图书时的定价决策 ……………………… 55
4.3　出版两种形式图书时的定价决策分析 …………………… 60
4.4　算例分析 …………………………………………………… 69
4.5　本章小结 …………………………………………………… 71

第五章　电子图书定价及出版商和零售商合作模式分析 ……… 73
5.1　基本模型及条件假设 ……………………………………… 74
5.2　代理模式和批发模式下的图书价格均衡分析 …………… 75
5.3　不同模式下的供应链成员间的利润分配情况 …………… 79
5.4　电子图书销售商的归属权对价格均衡的影响 …………… 84
5.5　需求函数改变对分析结果的影响 ………………………… 89
5.6　本章小结 …………………………………………………… 94

第六章　图书销售双渠道供应链协调策略分析 …………………… 96
6.1　传统纸质图书供应链基于回购契约的协调策略分析 …… 96
6.2　基于缺货的替代性对纸质图书供应链协调的影响 ……… 100
6.3　产品之间的不同特性对渠道冲突的影响 ………………… 101
6.4　基于信息共享的图书销售合作模式分析 ………………… 106
6.5　本章小结 …………………………………………………… 108

第七章　结论及未来研究方向 ……………………………………… 110
7.1　研究结论 …………………………………………………… 110
7.2　未来研究展望 ……………………………………………… 111

参考文献 ………………………………………………………………… 113

后记 ……………………………………………………………………… 127

第一章 绪 论

1.1 研究背景

(1) 读者的阅读习惯正悄然改变,电子图书已经成为一种常见的阅读方式。

网络图书、手机阅读等阅读模式正在改变消费者的阅读习惯。十几年前电子图书仅仅是时尚人士的阅读体验,然而近几年,随着电子图书阅读器和智能手机的发展及推广,人们的阅读习惯正在悄然发生变化,电子图书也已经成为一种常见的阅读方式。2010 年 4 月,中国出版科学研究所发布了第七次全国国民阅读调查最终成果,调查数据显示,2009 年我国 18~70 周岁国民中,接触过数字化阅读方式的国民比例达 24.6%,其中,有 16.7% 的国民通过网络在线阅读,有 14.9% 的国民接触过手机阅读;另外,有 4.2% 的国民使用 PDA(掌上电脑)/MP4/电子词典等进行数字化阅读。同时,在接触过数字化阅读方式的国民中,有 52.1% 的读者表示能够接受付费下载阅读,91.0% 的读者阅读电子书后就不会再购买此书的纸质版图书。据统计,至 2017 年底,我国个性化电子阅读器使用规模已达 2 亿[①],电子阅读已经成了一种常见的阅读形式。

在美国,亚马逊(Amazon)电子图书阅读器 Kindle 的销售量的快速增加也说明了消费者对于电子图书的接受度越来越高。亚马逊网站 1995 年 7 月开始销售平装和精装书,2007 年开始引入 Kindle 电子书阅读器,到 2010 年 7 月份,在不到四年的时间,电子书阅读器的销售额就已经超过了精装书,到 2011 年 1 月,电子书的销售额又超过了平装书,成为亚马逊网站最受欢迎的图书形式,正如亚马逊创始人贝索斯所说的那样:"更多的顾客愿意购买电子书,我们之前就觉得这是必然的结果,只是没有想到发生得这么快……"

(2) 在国家政策的支持扶持下,我国电子图书出版业正在朝数字化方向转

---

① 姜威,许放.电子图书产业竞争形势分析及提升策略研究[J].科技与出版,2019(5):73-76.

型,电子图书的出版发行规模快速增长。

数字化正成为提升传统出版业实现跨越式发展的必然趋势,国家对数字出版的态度也是十分鼓励的。国家新闻出版署曾多次提出"发展数字出版等非纸介质战略性新兴出版产业"的任务和"运用高新技术促进产业升级,推进新闻出版产业发展方式转变和结构调整"的要求,从政策的高度为数字出版的发展保驾护航。2010 年新闻出版总署的《关于加快我国数字出版产业发展的若干意见》中明确指出,到 2020 年,传统出版单位基本完成数字化转型,以电子书为代表的数字出版带来的市场新需求和市场格局的重大变化,将改变传统出版业的生存和发展的条件。

2012 年 2 月,新闻出版总署又下发《关于加快出版传媒集团改革发展的指导意见》,鼓励出版传媒单位深化体制改革、加强管理、应用新技术,鼓励进行战略重组。

最初,出版社开展电子图书出版业务主要是通过与技术公司进行合作,把已经出版的纸质图书内容进行数字化,随着数字出版市场逐渐走向成熟,出版社已经不断地在开拓新的渠道,有的开始独立策划电子图书产品,将电子图书业务从被动参与逐步向主动策划和出版转变。

在读者需求和国家政策的双重支持下,电子图书的出版发行种类和发行量迅速增加,据《2012—2013 中国数字出版产业年度报告》的资料显示,至 2012 年底,国内出版社已经普遍开展电子图书出版业务,2012 年出版的电子图书数量已达 18 万种,累计出版总量已经达到 100 万种。2012 年,我国电子图书出版内容产业的收入规模也已经达到 31 亿元。据第十三届中国数字出版博览会信息透露,2022 年,我国数字出版展现出较强的发展势头,总收入达 13 586.99 亿元,比上年增加 6.46%,较 2012 年增加了 437 倍。

(3) 电子图书出版业可持续发展商业运营模式仍需进一步探讨。

《2017—2018 中国数字出版产业年度报告》显示,截至 2017 年底,我国数字出版产业整体规模突破 7 000 亿元,同比大幅增长 22%,延续了过去 10 年以来的快速攀升势头。① 从细分领域来看,互联网广告、移动出版、在线教育、网络游戏

---

① 中国数字出版产业年度报告课题组.《2017—2018 中国数字出版产业年度报告》解读[J]. 出版参考,2018(8):4-8.

等产业增速惊人,在整体营收中的占比扩大到93%左右;而互联网期刊、电子图书和数字报纸等产业,同比增速却只有5.35%,更重要的是,它们在数字出版全年营收中的占比不升反降,低于2015年的1.77%和2016年的1.54%,仅仅只有1.17%。故电子图书的发展还需要进一步分析和研究。

数字出版环境下的阅读需求、消费模式需要进一步探索,电子图书的产业链构成、企业管理方式、盈利模式等都和在传统纸质图书的出版方式下截然不同,需要重新探讨和研究。虽然电子图书出版产业的收入规模呈现稳步增长的态势,但电子图书出版业尚处在发展初期,电子图书出版业的发展仍然面临一些需要进一步探讨和解决的问题,如版权问题、电子图书定价问题、盈利模式等问题。

为了避免冲击纸质图书的销量,十几年前,出版社通常会将新书的数字化时间推迟到纸质图书发行后的三个月、半年,甚至一年以后。目前,出版社大多采用"纸电同步"的模式,有研究表明,纸质图书和电子图书采取纸电同步的上市策略,图书整体收益更高。① 电子图书出版采用什么样的运营模式可以实现可持续发展,电子图书如何协调和传统纸质图书的关系,采用将电子版图书推迟进入市场的模式是否为有效运作模式等问题也都是理论界和电子图书实践企业所需要考虑和解决的问题。

1.2 研究内容

电子图书的出现正在改变读者的阅读习惯,势必会给传统纸质书的销售带来影响。自2007年11月亚马逊网站首次推出Kindle电子图书阅读器以来,电子图书的销售量迅速增加,据美国出版商协会(the American Association of Publishers)估计,即使在2008年金融危机影响而整体业绩下滑的图书销售市场,电子图书的销售仍达到68%的高增长率。

相对于纸质图书而言,电子图书的分销过程可以直接通过网络完成,生产、分销成本具有绝对优势,故其定价应该比纸质图书要低,亚马逊网站对其电子图书的定价也的确如此。为了促进电子图书的销售,亚马逊网站除了将Kindle电子图书阅读器的价格维持在较低水平外,将电子图书的价格也定为每本9.99美元。

---

① 赵宏源.电子图书与纸质图书协同发展策略分析[J].出版与印刷,2022(5):63-73.

即使每本 9.99 美元的低价销售,仍然会给其销售者带来很大的利润空间,但电子图书的销售却让出版商们看到了其对纸质图书的销售带来的巨大威胁。2010 年 1 月,出版商麦克米伦(Macmillan)公司要求提高自己的电子图书的销售价格,他们认为电子图书的定价权应该回归到出版商手中,电子图书的价格应该调整到 12.99~14.99 美元之间。随后几个月间,其他出版商也纷纷提出类似提价要求,亚马逊就电子图书定价问题与出版商的战争随即拉开了序幕。

在多家出版社群起攻之的情况下,亚马逊网站于 2010 年 6 月与企鹅、哈珀柯林斯、麦克米伦、西蒙舒斯特(Simon& Schuster)和阿歇特(Hachette)五大出版商达成协议,采取"代理定价"(Agency Pricing)模式,即主要出版商可以对 Kindle 书店销售的电子图书拥有定价权,并从其销售价格中抽取 70% 的分成支付给电子图书的出版商和作者。随后,亚马逊网站上一些电子书"提价",有些电子书的价格甚至超过了纸质图书。

电子图书技术提供了一种新的向读者传递图书的形式,但电子图书的销售渠道和纸质图书的销售渠道截然不同(见图 1-1)。传统纸质图书的销售有三种不同渠道:传统零售渠道、网络销售渠道及出版商直销渠道,其中网络销售渠道是目前运营较好且被看好的销售渠道,针对网上书店对传统书店的冲击开展的研究也非常多。作为一种数字信息产品,电子图书的分销过程可直接通过网络完成,边际生产和配送成本几乎可以忽略不计,传统纸质图书的销售则需要背后强大的物流系统作为保障,网上书店的发展则使得图书销售对物流的依赖程度增加,而电子图书由于产品的无形性,其销售过程可以直接通过网络完成,对物流的依赖程度也就不高,这和传统纸质图书的销售存在巨大不同,但在电子图书的销售过程中也出现了一些亟待解决的全新问题。

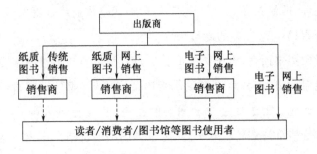

图 1-1　多渠道图书供应链销售情况

电子图书应该如何定价,电子图书的销售会给传统纸质图书的销售带来什么影响,定价权归供应商、出版商和销售商有何不同,电子图书的销售渠道内各供应链成员间如何分配利润,电子图书的销售渠道和传统纸质图书的销售渠道间应该如何协调等问题都是目前各出版商和图书销售商普遍关注的问题,都是急需回答的问题。但目前对上述问题进行分析的研究文献还相对较少。本研究是对以上问题进行的尝试分析。

(1) 电子图书供应链特点。电子图书的出版发行和传统纸质图书的出版发行过程不同,除供应链中涉及参与主体不同外,供应链结构也存在不同,故需要进一步分析电子图书供应链和传统纸质图书供应链的不同之处,这是分析图书供应链中的横向和纵向协调策略的基础。

(2) 出版商的产品形式选择策略分析。当电子图书出现以后,图书既可以以传统纸质图书的形式提供给读者,也可以以电子图书的形式呈现给读者,同时也可以同时提供两种不同形式的图书。在电子图书如火如荼的发展过程中,有人指出电子图书的出现使得传统纸质图书失去了存在的必要性,对于出版商来说应该何时进入电子图书出版业务中来,是否需要放弃传统纸质图书的出版,如果同时出版两种形式图书则图书的定价决策如何制定等都是需要解决的问题。

(3) 出版商和电子图书零售商的合作模式分析。电子图书的出现改变了出版商和零售商之间的关系,在传统纸质图书供应链可以实现协调的模式是否在电子图书出现以后仍然可以帮助实现供应链的协调;代理模式出现后,定价权由图书零售商转为出版商,相比于传统的批发模式图书价格将会发生什么变化,这也是探讨电子图书供应链协调问题时需要解决分析的重要内容之一。

(4) 电子图书和纸质图书渠道间协调策略分析。电子图书和纸质图书存在的替代性必然会带来"利润侵蚀"效应,而电子图书的出现对于纸质图书的销售是否总是不利,当电子图书对于纸质图书来讲不仅仅是一种替代品,电子图书和纸质图书之间还存在互补性时,是否可以降低渠道间的冲突,是否可以建立起基于信息共享模式的渠道间协调策略等问题是图书供应链渠道间协调问题研究的内容。

1.3 研究方法及研究路线

本研究基于供应链竞争协调理论,以多渠道供应链管理研究中采用的微观经济学的消费者需求模型分析为基础,进一步考虑消费者的不同偏好,分析电子图书供应链与传统纸质图书供应链的区别,从消费者对电子图书的接受程度、市场结构等因素来分析电子图书供应链和纸质图书供应链的竞争协调模式,通过优化理论和方法进行图书供应链竞争协调研究,除了建模和理论分析外,本书还通过数值进行算例分析,进一步分析参数的变化对市场均衡及利润分配结果的影响,本书采用的研究方法具体包括如下内容:

(1) 文献整理。对电子图书相关的文献进行归纳总结,从读者使用电子图书和纸质图书的不同行为方式分析入手,进一步分析市场需求在两种图书形式下的分布情况,为进一步分析提供理论基础。

(2) 微观经济学方法。本书的分析是从市场需求分析开始,进一步对定价及渠道选择、供应链竞争协调问题进行分析,模型的建立基础是微观经济学中常见的分析方法。

(3) 供应链竞争协调理论研究。基于传统的供应链竞争协调问题的研究,本书对相关问题进行了拓展,分析思路来源于供应链竞争协调理论的研究。

(4) 算例分析。对于研究分析中很难得出解析解形式的问题,或者即使存在解的解析形式,但很难直接得出一些有意义结论的问题,本书采用了算例进一步对相关问题进行讨论。

如图 1-2 所示,本书从相关文献的检索开始,以文献的整理结果为基础,进一步探寻电子图书和传统纸质图书供应链的特点,通过对电子图书供应链和传统纸质图书供应链特点的对比分析,探讨电子图书出现后图书供应链竞争协调中出现的新问题,而后本书从定价、渠道选择、渠道竞争和协调方面对图书的定价决策、定价归属、渠道间的合作模式等问题进行了研究。

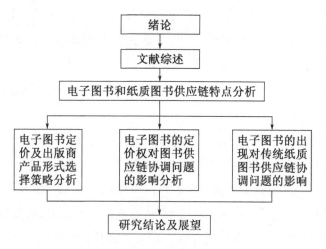

图 1-2 本书研究路线

1.4 主要研究结论

电子图书的出现必然为纸质图书的销售以及图书供应链中成员间的协调问题带来不可忽视的影响,本书从传统纸质图书和电子图书供应链的特点分析出发,进一步分析电子图书和纸质图书市场需求的不同特点为基础,对出版商的产品形式选择、电子图书定价权以及双渠道图书供应链协调问题进行了分析,主要研究结论如下:

(1) 在读者存在纸质图书黏性同时读者对电子图书的接受度还相对较低的情况下,放弃纸质图书转而仅仅出售电子图书对于出版商来说不是一个好的决策。影响出版商产品形式选择的因素包括出版发行电子图书和相比较于纸质图书来说所能节约的单位成本大小、纸质图书黏性读者在图书市场中所占的份额以及读者对于电子图书的接受程度等。由于电子图书具有的成本优势,对于出版商来说,进入电子图书市场的决策应该是越早越好,是否放弃纸质图书的出版发行对于出版商来说是个需要慎重考虑的决策。

(2) 电子图书的定价权归属对图书供应链协调问题存在影响作用。在电子图书和纸质图书存在相互替代的性质时,电子图书的定价权从图书零售商转移到出版商,从供应链系统的角度出发是对系统有益的一项举措。代理模式较传统批发模式在电子图书中的应用主要的区别在于定价权的归属不同,本书用理论模型分析了代理模式和传统批发模式下的电子图书和纸质图书的价格均衡，以及在两种不同模式下的供应链系统利润的大小。研究发现，代理模式的采用虽然不能彻底消除图书供应链中的不协调问题，但可以帮助降低供应链中的不协调程度，从供应链系统运行角度出发，采用代理模式较传统批发模式可以帮助提高供应链系统的运行效率。

（3）电子图书对纸质图书的替代性和互补性共存的特点将影响着传统纸质图书供应链协调问题。电子图书对纸质图书存在的替代性对于纸质图书供应链来说并非总是不利，传统纸质图书在缺货时可以以"替代品"的方式出现，这样可以降低纸质图书缺货所带来的缺货成本，从出版商角度出发，这可以在不增加风险的情况下提高出版商的期望利润额。而电子图书和纸质图书之间的"互补性"也可以帮助缓解供应链成员间的冲突和竞争程度，提高供应链运行效率。另外，本研究还发现，电子图书和纸质图书之间替代性的增加可以使得二者之间竞争程度增加，这种竞争程度的增加也可以帮助供应链系统提高利润额。同时，电子图书和纸质图书供应链之间还存在合作的可能，但合作是否奏效往往取决于市场需求在电子图书和纸质图书间的分布情况。"两阶段"销售的合作模式只有在市场需求结构满足了一定条件的情况下才可以帮助降低图书供应链成员间的冲突，达到提高供应链系统运行效率的目的。

1.5 本研究的创新点

本研究探讨分析了电子图书的出现对传统纸质图书供应链的影响，从图书定价决策、产品形式选择决策以及供应链竞争协调策略等角度进行了分析，本研究的创新点主要体现在以下三个方面：

（1）本研究通过对相关文献的整理，发现了电子图书和纸质图书这两种不同形式的图书产品之间的关系既有相互替代又有互补的性质，故本研究在分析中考虑了替代性和互补性共存时的图书供应链竞争协调问题，而目前与该问题相关的文献大多只研究其中的一种性质存在的情况，即替代性或者互补性存在时供应链竞争协调问题。

（2）本研究的研究对象为电子图书这种无形产品的供应链和传统纸质图书的有形产品供应链之间的竞争协调问题。目前，针对同一产品供应链中各成员间的竞争协调问题进行研究的文献相当多也相对较为成熟,对具有相互替代性的不同产品供应链之间的竞争协调问题开展的研究还刚刚起步,而对于不同类型产品特别是无形产品供应链和有形产品供应链之间的竞争协调问题进行研究的文献则更是少之又少,本书则是对此方面问题开展研究的一次尝试。

(3) 在对供应链竞争协调问题进行的相关研究中,市场研究领域中的研究大多以确定性需求模式为基础进行分析,而在运营领域中大多考虑需求的不确定性所带来的供应链成员间的竞争协调问题。本研究则同时考虑两种分析方法,通过分析导致供应链系统不协调的原因,从而进一步探索可以帮助实现供应链协调或者可以降低供应链成员间冲突的协调策略。

1.6　本章小结

本章对本研究的背景进行了介绍,指出由于阅读习惯的改变,读者对电子图书的接受度也越来越高,而电子图书的出现必然对图书供应链带来影响,而目前已有的研究,对电子图书供应链及其对传统纸质图书供应链的影响等的相关研究还不够,本书则是在此方面的尝试,故不论在理论上还是在应用实践中,本书的研究都具有一定的研究价值。本章还对本书的研究内容进行了界定,同时还介绍了文中使用的研究方法及本书的研究路线。而后,本章进一步归纳总结了本书的主要研究结论以及研究中的主要创新点。

第二章 文献综述

目前对电子图书这种数字产品销售对传统实体产品供应链的影响进行分析的文献还较少，与此问题相关的研究主要集中于以下方面：

2.1 与电子图书相关的研究

2.1.1 电子图书的概念界定

"电子书"虽然不是一个新的概念，但是在文献中至今对"电子书"的定义还没有达成统一。与电子图书相关的概念有"电子书""电子图书""电纸书""电子图书阅读器""电子书阅读器"等，外文文献中常使用"e-book""ebook""electronic book""electronic paper book"等，这些概念在使用过程中有时会产生混淆。为了便于开展研究，对其进行定义是非常必要的。

随着相关技术的发展，电子书的内涵和外延也在不断发生变化，对其的定义也是处在不断地发展完善过程中。Vassiliou 和 Rowley 的研究[①]比较分析了研究文献中常使用的不同定义及其演变过程，在此基础上，提出了以下对电子书的两个定义：

(1) An e-book is a digital object with textual and/or other content, which arises as a result of integrating the familiar concept of a book with features that can be provided in an electronic environment.

(2) E-books, typically have in-use features such search and cross reference functions, hypertext links, bookmarks, annotations, highlights, multimedia

---

① Vassiliou M, Rowley J. Progressing the definition of "e-book"[J]. Library Hi Tech, 2008, 26(3): 355-368.

objects and interactive tools.

将上述定义翻译如下：

（1）电子书是一种具有文本或/和其他形式内容的数字化出版物，是将传统概念中纸质图书和电子环境下所带来的新特征相结合起来的产物。

（2）电子书在使用中具有的显著特征，包括检索查询、超文本链接、电子书签、注释、重点提示、多媒体及交互工具等功能。

其后对电子书进行研究的相关外文文献大多使用以上定义。此定义中的第一部分指出了电子书的基本特征，是定义中相对固定的部分，而第二部分说明了电子书具有的优点和相关技术以及所具有的功能，这部分随着时间的推移会不断发生变化，处于持续发展过程中。[1]

而在中文相关文献中，经常使用的是中国新闻出版总署给出的定义：

"电子书是指将文字、图片、声音、影像等信息内容数字化的出版物，具体所指的是植入或下载数字化文字、图片、声音、影像等信息内容的集存储介质和显示终端于一体的手持阅读器。"[2]

由以上定义可以看出，不管是中文还是英文文献，电子书的定义在使用过程中，既包括电子书的内容，也指电子书的阅读设备，在有些情况下还指电子书的阅读软件。

为了与电子图书阅读器等硬件设施进行区分，本书所指的电子图书，采用商鸿业的研究[3]给出的定义，是指用计算机等数字化工具，将文字、图片、音频和影像等内容数字化后设计、制作的，并通过有线网络或无线移动网络进行销售的，可以通过计算机或各类终端（如手机、平板电脑、手持阅读器等）在线阅读或下载阅读的数字化产品。本书中"电子图书"指的是一种内容产品，不包括手持阅读器等硬件设备。

通常来说，电子图书和纸质图书类似，唯一不同的一点在于其传输介质。在传统纸质图书里，传输介质是纸张，而电子图书可以在计算机上、阅读器上、个人数字设备（personal digital assistant，PDA）上，或者手机、平板电脑上等，它的内容

---

[1] Carreiro E. Electronic books: How digital devices and supplementary new technologies are changing the face of the publishing industry[J]. Publishing Research Quarterly, 2010, 26(4): 219-235.
[2] 参见：国家新闻出版总署.《新闻出版总署关于发展电子书产业的意见》,新出政发〔2010〕9号.
[3] 商鸿业.电子书成本与定价分析[J].科技与出版,2013(4):88-93.

可以是PDF、HTML、ePub等其他形式。①

表2-1对电子图书的特点进行了归纳总结,可以发现,电子图书这种新的图书形式与传统纸质图书存在很大不同,在获取资源的速度、节约资源、使用便利性等方面都优于传统纸质图书,当然电子图书的使用也面临着一些难题,如对硬件的依赖性过高、盗版问题的存在、读者的阅读习惯很难改变等问题。

表2-1 电子图书特点总结

文献	电子图书的特点
吴国蓉的研究②	存储量大,信息密度大;制作成本低廉,绿色环保;更新速度快,具有动感的阅读体验;便于保存和携带;购买、查询方便快捷
欧继花的研究③	无纸化出版,制作成本低;数字化处理,信息容量大;信息形式多,服务功能全;出版周期短,发行速度快
黄敏的研究④	快速查询、海量存储、成本低廉、方便编辑、环保等
商鸿业的研究⑤	电子图书开发是一种创作与再创作;是数字化内容产品,具有可复制性;是基于高新科技的数字化产品;低边际成本创造高边际效益
Subba的研究⑥	电子图书相比于纸质图书来说,对于不同使用者带来的优势不同,对读者来说具有方便获取、方便查询、定制化、方便携带、支持多媒体和环境友好等特点;对于图书馆来说,具有采购迅速、方便调整显示字体格式、低成本、节约存储空间等特点;对于出版商来说可以提高出版速度、降低出版成本、快速获取读者信息等特点;对于作者来说,方便出版、快速获取读者反馈等特点

---

① Cordón García J A, Alonso Arévalo J, Martín Rodero H. The emergence of electronic books publishing in Spain[J]. Library Hi Tech, 2010, 28(3): 454-469.

② 吴国蓉.电子图书与纸质图书比较研究[J].长沙铁道学院学报(社会科学版),2009,10(4):278-280.

③ 欧继花.基于价值链理论的电子图书出版的竞争优势[D].长沙:湖南师范大学,2009.

④ 黄敏.纸质图书与电子图书的比较及互补[J].长春理工大学学报(高教版),2007(1):187-190.

⑤ 商鸿业.电子书成本与定价分析[J].科技与出版,2013(4):88-93.

⑥ Subba Rao S. Electronic book technologies: An overview of the present situation[J]. Library Review, 2004, 53(7): 363-371.

续表 2-1

文献	电子图书的特点
Hua 等 的研究①	电子图书可以通过网络以较低的价格快速轻易有效地在任何时间任何地点被下载;读者可以通过电子图书阅读器随身携带大量图书;对图书的处置过程也相对比较简单;对于电子图书的保存不需要持有库存,也无需担心过量库存和库存不足的风险;电子图书没有打印、装订和分销成本,其运送过程可以通过电子邮件或下载的方式瞬间完成;电子图书是环境友好性产品,不使用纸张,可以节约对树木的采伐;等等
Liesaputra 和 Witten 的研究②	电子图书比纸质图书提供了更多有价值的功能:作者可以快速的修改图书信息;可以在书中增加超文本链接、多媒体文件;读者可以通过全文检索快速定位书中单词或短语等
马鑫 的研究③	电子图书方便携带,内容丰富,具有开发性和互动性;电子图书和纸质图书各有优缺点,两者会互相补充、协同发展

作为一种新技术和新事物,对于电子图书的研究以及相关的研究主要集中于以下三个方面:电子图书版权保护及相关技术的研究、电子图书的使用情况的研究、电子图书商业运作模式及产业发展研究。

2.1.2 电子图书版权保护及相关技术的研究

电子图书阅读障碍和版权保护问题是制约电子图书数字化进程的主要原因④,故相当多的文献是针对版权保护、数字版权保护(DRM,Digital Rights Management)技术以及标准化问题而开展的研究。

符玉霜指出由于版权权利种类复杂、版权授权与版税支付渠道不畅、版权授权存在瑕疵以及缺乏合适的版税支付标准等原因,电子图书的版权问题相当复杂。⑤ 一般来说,电子书有两类:以电子形式出版的原生书和将已出版的纸书数

---

① Hua G W, Cheng T C E, Wang S Y. Electronic books:To "E" or not to "E"? A strategic analysis of distribution channel choices of publishers[J]. International Journal of Production Economics,2011,129(2):338-346.

② Liesaputra V, Witten I H. Realistic electronic books[J]. International Journal of Human-Computer Studies,2012,70(9):588-610.

③ 马鑫.电子图书与纸质图书协同发展研究[J].造纸装备及材料,2023,52(7):170-172.

④ 赵继海.DRM技术的发展及其对数字图书馆的影响[J].大学图书馆学报,2002,20(1):14-16,5.

⑤ 符玉霜.电子书的版权问题研究[J].现代情报,2011,31(1):29-31.

字化的再生书。原生书的版权相对较简单：只需向著者或其委托机构取得授权；再生书的版权比较复杂，必须取得著者和原纸书出版社的双重授权。Maxymuk 从图书馆、读者、科研人员、作者和出版商等角度分析了谷歌电子化图书过程中涉及图书版权保护问题以及图书版权保护政策。①

龚倍伦在对亚马逊未经用户知晓的情况下删除 Kindle 用户设备中的电子书事件进行的分析基础上，讨论了电子书的版权保护与限制问题。② 张书卿对格式的不同给电子书的发展带来的影响进行了分析。③ Sohn 等对韩国电子图书格式的标准化问题进行了研究。④ 类似研究还有很多，如符玉霜⑤、Lee⑥、Na 等⑦的研究等。对这方面的研究可以参照 Carreiro 对相关技术的发展历程进行的整理。⑧ 而在实践中，已经有一些高科技公司开始研究 DRM 技术，已能做到使数字内容适用过程可控、可跟踪，对数字图书的版权保护效果十分显著。

2.1.3 电子图书使用情况研究

根据文献来源、特点和性质，电子图书可以分为商业性电子图书、"开放存取"类电子书、互联网读书网站上的电子图书和图书馆等公益性机构制作的电子图书。⑨ 而目前对电子图书的使用情况进行的研究大多是对图书馆等公益性机构中的电子图书资源使用情况进行的研究以及对图书馆电子图书采购的决策分析。关于电子图书的使用情况的研究，Sprague 和 Hunter 将其归纳为如下五个方面：(1) 比较电子图书和纸质图书的使用；(2) 通过统计资料按照学科评估各学术机构电子图书的使用情况；(3) 分析电子图书使用趋势；(4) 通过调研和访谈的形式

---

① Maxymuk J. A license to digitally print money[J]. The Bottom Line, 2009, 22(2): 55-58.
② 龚倍伦. 论电子书之版权保护与限制：兼议亚马逊电子书删除事件[J]. 电子知识产权, 2010(1): 74-77.
③ 张书卿. 出版业应如何面对纷纷扰扰的电子书格式之争？[J]. 出版发行研究, 2010(8): 48-50.
④ Sohn W S, Ko S K, Lee K H, et al. Standardization of eBook documents in the Korean industry[J]. Computer Standards & Interfaces, 2002, 24(1): 45-60.
⑤ 符玉霜. 电子书的版权问题研究[J]. 现代情报, 2011, 31(1): 29-31.
⑥ Lee K H, Guttenberg N, McCrary V. Standardization aspects of eBook content formats[J]. Computer Standards & Interfaces, 2002, 24(3): 227-239.
⑦ Na Y J, Ko I S, Xu S Y. A multilayered digital content distribution using a group-key based on web[J]. Future Generation Computer Systems, 2009, 25(3): 371-377.
⑧ Carreiro E. Electronic books: How digital devices and supplementary new technologies are changing the face of the publishing industry[J]. Publishing Research Quarterly, 2010, 26(4): 219-235.
⑨ 陈力. 电子书的类型与评估[J]. 国家图书馆学刊, 2008, 17(2): 51-55.

分析读者对电子图书的认知性;(5)比较分析不同数据库中电子图书的使用情况。① 本书也从以上五个方面总结电子图书使用情况的研究文献。

2.1.3.1 电子图书和纸质图书的使用模式存在不同

对于读者来说,使用纸质图书来获取知识和信息是长久以来形成的阅读习惯,使用电子图书往往是对这种阅读习惯的挑战。随着数字技术推广,越来越多读者选择使用电子图书,读者的阅读模式也正在发生着变化。② 但电子图书能否完全取代纸质图书成为读者选择的唯一阅读模式,这还需要进一步研究。对电子图书和纸质图书的使用进行的对比分析,按照研究方法可以分为以下三类:第一类为基于实证数据进行的电子图书和纸质图书的使用行为的对比分析;第二类是采用实验方法开展的电子图书和纸质图书的选择行为和使用效果情况的对比分析;第三类为除以上方法以外的其他研究方法,如文献归纳等。

大量文献通过实证对图书馆内数据库资源中的电子图书和纸质图书的使用情况进行了对比分析,发现读者在使用电子图书和纸质图书过程中的使用模式存在不同,除读者本身的使用偏好外,还有一些其他因素会影响读者是否选择电子图书。如 Christianson 和 Aucoin 对图书馆数据库里的电子图书和纸质版图书的使用情况进行了对比分析发现,读者在使用两种形式的图书时存在着不同偏好,所属学科、出版社等等因素会影响读者的选择(例如在阅读哲学书籍时,读者更加偏好使用纸质版图书,在阅读科学相关的书籍时,读者则更加偏好于使用电子版图书)。③ Slater 对 Oakland 大学图书馆的电子图书和纸质图书的使用情况进行了对比分析,得出了与 Christianson 和 Aucoin 的研究类似的结论,发现在不同学科,读者对于电子图书和纸质图书的选择具有不同偏好:在计算机科学等学科,读者更倾向于选择电子图书;而在历史、语言文学等领域读者更倾向于选择纸质图书。④ Wu 和 Chen 对人文社会科学研究生在科研工作中的电子资源使用情况进行了分析,其结论显示人文社科由于其特殊性,电子图书的使用较纸质图书的使

---

① Sprague N, Hunter B. Assessing e-books: Taking a closer look at e-book statistics[J]. Library Collections, Acquisitions, and Technical Services, 2008, 32(3/4): 150-157.

② Shabani A, Naderikharaji F, Reza Abedi M. Reading behavior in digital environments among higher education students[J]. Library Review, 2011, 60(8): 645-657.

③ Christianson M, Aucoin M. Electronic or print books: Which are used? [J]. Library Collections, Acquisitions, and Technical Services, 2005, 29(1): 71-81.

④ Slater R. E-books or print books, "big deals" or local selections—What gets more use? [J]. Library Collections, Acquisitions, and Technical Services, 2009, 33(1): 31-41.

用率要低。[1]

除了对图书馆内数据库的资料进行分析,也有文献对商业领域的销售数据中的电子图书和纸质图书的销售情况的对比分析。如 Kannan 等对美国国家学术出版社(National Academic Press)的电子版图书和纸质版图书的销售数据进行了分析,分析结果表明电子图书和纸质图书之间的关系对于读者来说不是简单的相互替代关系,纸质图书对于读者来讲大多被看作是替代品,但电子图书对于传统纸质图书来讲,既可以被看作替代品,也可以看成传统纸质图书的不完全替代品和互补品。[2] Bounie 等也通过对亚马逊电子图书和纸质图书的销售情况,通过实证分析得出了类似结论。[3] 另外,还有调查表明,电子图书与纸质图书的读者重合率较低,电子书的快速销售不仅不会妨碍纸质图书的销售,反而会引发阅读时尚,加快印刷书的发行。[4] Hilton 和 Wiley 将部分纸质图书的电子版通过网络提供免费下载服务,通过对下载服务提供前后纸质版图书的销售数据进行分析也发现,免费提供电子版图书下载服务,不仅没有使得纸质图书的销售量减少,反而带来了更多的读者选择购买纸质版图书。[5]

另外还有一些研究通过实验分析了读者使用电子图书和纸质图书的效果的对比分析,如 Pölönen 等对 87 个参与者针对不同的电子图书阅读器的效果和纸质图书进行比较,研究表明,对于深度阅读而言,纸质图书给读者带来更舒适的阅读经历。[6] Berg 使用出声思维和实验的方式来分析了读者如何使用电子书和纸质书,研究结果显示虽然参与者为熟悉电脑的新一代,但是对于电子书还没有达到熟练使用的程度,使用过程中还存在很多问题,相比于电子书,读者还是对纸质书使用起来效率更高。[7]

---

[1] Wu M D, Chen S C. The impact of electronic resources on humanities graduate student theses[J]. Online Information Review,2010,34(3):457-472.

[2] Kannan P K, Pope B K, Jain S. Practice prize winner:-pricing digital content product lines:A model and application for the national academies press[J]. Marketing Science,2009,28(4):620-636.

[3] Bounie D, Eang B, Sirbu M, et al. Superstars and outsiders in online markets:An empirical analysis of electronic books[J]. Electronic Commerce Research and Applications,2013,12(1):52-59.

[4] 王晓光.电子书市场的双边结构及其定价策略研究[J].出版发行研究,2009(7):45-48.

[5] Hilton J III, Wiley D. Free E-books and print sales[J]. The Journal of Electronic Publishing,2011,14(1):89.

[6] Pölönen M, Järvenpää T, Häkkinen J. Reading e-books on a near-to-eye display:Comparison between a small-sized multimedia display and a hard copy[J]. Displays,2012,33(3):157-167.

[7] Berg S A, Hoffmann K, Dawson D. Not on the same page:Undergraduates' information retrieval in electronic and print books[J]. The Journal of Academic Librarianship,2010,36(6):518-525.

除此之外,对于电子图书和纸质图书的使用情况进行的分析还有一些新的研究方法,如 Foasberg 通过日志记录的方法对大学生的阅读习惯进行了分析,发现在学术性学习或者需要长时间深入阅读的情况,大学生还是选择采用纸质文档,在休闲类的阅读或者短时的阅读情况下,大学生选择使用电子版的文档来完成阅读。① Dewan 对相关的文献进行了归纳总结,也得出了电子图书不会完全取代纸质图书的结论。②

综上所述,不管是从统计数据进行的实证分析,还是通过实验的方法来分析两种图书的使用效果,其结论都是读者使用电子图书和纸质图书的模式不同,在目前情况下,电子图书对于纸质图书来说不完全是一个替代品,更多的时候它对于纸质图书来说是个有益的补充,电子图书不会完全取代纸质图书,在未来的一段时间内,会出现两者共存的局势。这也是纽约出版商 Melville House 于 2011 年推出了"混合图书"(读者可以通过手机扫描纸质图书背面的二维码获取与原始图书相关的文本、地图和照片等)的可能原因所在。

2.1.3.2　电子图书数字资源在各个学术性机构中的使用情况略有不同

分析电子图书资源的利用情况可以帮助图书馆管理人员加强对电子图书数据资源的管理工作,从而更好地为读者提供服务。所以在图书馆学研究领域,大量文献研究分析了高校学术性图书馆中的电子图书资源的利用情况。

Bailey 对比了几个高校图书馆资源的电子图书的使用情况,发现电子图书使用率较高的学科虽然在不同大学中略显不同,却呈现出令人惊奇的相似特点(见表 2-2),也进一步证明了电子图书在有些学科比较适合,而在另外一些学科可能不是特别适合。③ Christianson 也对电子图书馆中电子图书的使用模式进行了分析,研究结论也表明学科特点会影响电子图书的使用模式。④ 吴晶晶对电子图书在国内图书馆应用作了研究综述,读者也可以参考该文研究。⑤

---

① Foasberg N M. Student reading practices in print and electronic media[J]. College & Research Libraries, 2014, 75(5): 705-723.

② Dewan P. Are books becoming extinct in academic libraries? [J]. New Library World, 2012, 113(1/2): 27-37.

③ Bailey T P. Electronic book usage at a master's level Ⅰ university: A longitudinal study[J]. The Journal of Academic Librarianship, 2006, 32(1): 52-59.

④ Christianson M. Patterns of use of electronic books[J]. Library Collections, Acquisitions, and Technical Services, 2005, 29(4): 351-363.

⑤ 吴晶晶.电子图书在国内图书馆应用研究综述[J].图书与情报,2012(2):100-103.

表2-2 电子图书使用率较高的学科

北卡罗莱纳州立大学(NCSU)	罗彻斯特大学(University of Rochester)	得克萨斯州大学奥斯汀分校(UT-Austin)	得克萨斯农业机械大学(TAMU)	加利福尼亚州立大学系统(CSU System)	北卡罗来纳州大学教堂山分校(UNC-Chapel Hill)	杜克大学(Duke)	路易斯安那州立大学(LSU)	蒙哥马利奥本大学(AUM)
计算机	经济和商学	计算机科学	经济和商学	经济和商学	社会科学:总论	计算机	图书馆学:出版	商学、经济和管理
技术/工程	计算机科学	商学/经济	计算机科学	计算机科学	文学	心理学	文学	计算机
药学/卫生/健康	技术与工程	社会学	文学	技术与工程	商学、经济和管理	药学	经济与商学	文学
文学	心理学	美国历史	军事学	社会学	药学	宗教	生物、自然历史和微生物学	社会科学:总论
哲学	药学、卫生和健康	文学	美国历史	文学	计算机	艺术	教育	药学
	文学		技术与工程	法学	宗教	政治科学	社会学	法学
	解剖学和生理学		社会学	药学、卫生、健康	艺术	社会科学:总论	政治科学	教育
	社会学		教育学	图书馆学、出版发行	历史:世界和通史	历史:世界和通史	技术和工程	艺术
	教育学		宗教	解剖学与生理学	教育	心理学	药学、卫生、健康学	历史:世界和通史
			心理学	宗教	心理学	教育	数学	心理学

资料来源:Bailey T P. Electronic book usage at a master's level I university: A longitudinal study[J]. The Journal of Academic Librarianship. 2006, 32(1): 52-59.

2.1.3.3 电子图书的使用存在日趋增加的趋势

阻碍电子图书发展的可能原因之一为电子图书的出版量低,Just 对美国及德国的电子图书的出版情况进行了分析,分析了 1986—2006 年 20 年间的电子图书出版情况,美国电子图书的出版量以平均每年 20% 的增长率增加,而德国的电子图书的出版量的增长率远远低于美国。① 乌苏拉和邹莉指出德国电子图书的发展并不像美国那样发展迅速的原因有以下方面:德国读者对于纸质图书的偏好更大;电子图书阅读器的价格较高;纸质图书实体书店的成功运作使得更多读者依赖使用纸质图书等原因。②

2.1.3.4 读者对于电子图书的认知性达到一定程度

基于问卷调查开展的电子图书认知性的分析的文献也不少,大多从读者的选择性态度和偏好开展的调查,如 Woody 等对大学学生的选择性偏好进行了问卷调查,研究发现电子图书的使用经历和电子图书的选择偏好并没有显著性相关关系,即使对于那些使用过电子书的学生,在学习过程中仍然倾向于选择使用纸质图书。③ Shelburne 则通过问卷调查分析了电子图书在大学中不同群体的接受情况和使用情况,发现了对于大学校园的读者来说,拥有电子书是图书馆的必要功能了,但电子图书的出现并未使读者减少对纸质图书的阅读,两种形式的书籍各有所长,大部分读者都表明,在未来的图书使用中,将采用二者共存的形式。④

Cumaoglu 等对大学校园中的读者的电子图书和纸质图书的偏好进行了调查分析,研究发现读者用于阅读纸质图书和电子图书的习惯存在不同,电子图书的使用多用于科研和课程学习,同时读者的阅读习惯和一些社会环境因素存在很强的相关性。⑤ Elias 等调查了在药学专业课程学习中,读者对于电子图书和纸质图

---

① Just P. Electronic books in the USA-their numbers and development and a comparison to Germany[J]. Library Hi Tech, 2007, 25(1): 157 – 164.

② 乌苏拉·劳滕堡,邹莉. 德国电子书与电子书阅读器的现状及未来发展[J]. 出版科学,2011, 19(1):11 – 13.

③ Woody W D, Daniel D B, Baker C A. E-books or textbooks: Students prefer textbooks[J]. Computers & Education, 2010, 55(3): 945 – 948.

④ Shelburne W A. E-book usage in an academic library: User attitudes and behaviors[J]. Library Collections, Acquisitions, and Technical Services, 2009, 33(2/3): 59 – 72.

⑤ Cumaoglu G, Sacici E, Torun K. E-book versus printed materials: Preferences of university students[J]. Contemporary Educational Technology, 2013, 4(2): 121 – 135.

书的不同偏好,调查分析显示在使用教科书中,即使电子图书在成本及相关功能上拥有显著性的优点,读者更倾向于使用纸质图书。① Levine-Clark 调查了大学校园中的人文社会学科的读者对电子图书的态度及其使用情况,发现在杜克(Duke)大学校园中,人文社会学科读者对电子图书的认知度较总体情况要高,但由于人文社会学科的特征,其读者在使用图书中的模式不同,使得电子图书的利用率较总体水平低。② Schomisch 等做了关于电子图书的态度的调查分析,研究发现在学术领域工作中,使用者对电子图书的使用偏好还是蛮高的,但是其所拥有的功能还不能完全很好地服务使用者,电子图书阅读器的功能还需要进一步完善。③ Cheong 和 Tuan 对南洋大学的读者进行的调查分析也表明电子图书的使用率不是特别高,其原因一方面是电子图书自身的发展水平还较低,另一方面是读者对于纸质图书的依赖程度较高,长久以来形成的阅读习惯很难改变的原因。④

国内对读者对电子图书的认知性调查研究也不少。如任会兰对上海交通大学的在校学生进行了问卷调查,发现学生对于电子图书并不陌生,但在使用过程中对纸质图书的依赖性还比较高。⑤ 国内其他类似研究还有很多,如张国臣⑥、杨

---

① Elias E C, Phillips D C, Luechtefeld M E. E-books in the classroom: A survey of students and faculty at a school of pharmacy[J]. Currents in Pharmacy Teaching and Learning, 2012, 4(4): 262 – 266.

② Levine-Clark M. Electronic books and the humanities: A survey at the University of Denver[J]. Collection Building, 2007, 26(1): 7 – 14.

③ Schomisch S, Zens M, Mayr P. Are e-readers suitable tools for scholarly work? [Z]. Ithaca: Cornell University Library, arXiv. org, 2012.

④ Cheong C F, Tuan N C. What Users Want and What Users Do in E-books: Findings of a study on use of e-books from NTU Library[J]. Singapore Journal of Libray & Information Management, 2011, 40: 1 – 32.

⑤ 任会兰. 电子图书使用行为实证研究:以上海交通大学为例[J]. 情报理论与实践, 2011, 34(2): 72 – 76.

⑥ 张国臣. 从大学生的认知度看电子图书的发展空间:以北京工商大学图书馆为例[J]. 图书情报工作, 2010, 54(19): 98 – 100, 123.

涛[1]、尚慧和李雪琴[2]、王洪建等[3]、孙玉玲[4]、王丽娜和周伟斌[5]、杨明慧[6]的研究等。

范德韦尔和黄庆在文章中指出电子图书在读者中的接受程度较低和阻碍电子书发展的因素除了涉及硬件的费用高昂、格式的不兼容、数字权限的所有权不明确以及电子图书的价格高于大众对电子图书的"感知价格"等原因外，隐含文化价值观也在很大程度上影响用户对电子书的态度，也是其不能完全替代纸质图书的原因之一。[7] Huang 和 Hsieh 对消费者接受电子图书阅读器的模式进行分析，也进一步证明了转换成本也是读者选择是否使用电子图书的重要因素，特别是非经济因素。[8]

2.1.3.5 不同电子图书数据资源提供商的比较

Sprague 和 Hunter 对爱达荷大学图书馆(University of Idaho Library)中的不同数据库中的电子图书进行整合分析，对电子图书总体的使用情况及使用成本进行了分析，发现电子图书的使用大多集中在少数几类书籍，而不同数据库中的电子图书存在重复购买的现象，电子图书的使用率相对较低。[9] 张春红和蒋刚苗则对国内的几个著名中文电子图书系统：中国数图网上图书馆、超星数字图书馆、书生之家和方正数字图书馆作了综合和具体的比较分析。[10] 黄国彬等以 ebrary

---

[1] 杨涛.电子图书使用行为实证研究：以华南师范大学图书馆为例[J].图书情报知识,2009(4):68-72.

[2] 尚慧,李雪琴.电子图书在大学图书馆中的利用状况及存在问题研究[J].晋图学刊,2010(1):26-29,51.

[3] 王洪建,边瑶,周澍民.高校学生电子书阅读情况实证研究：以上海理工大学为例[J].科技与出版,2009(12):67-70.

[4] 孙玉玲.中国科学院国家科学图书馆用户电子图书利用和需求调查分析[J].图书馆学研究,2011(20):77-83,76.

[5] 王丽娜,周伟斌.专业电子书的消费者行为研究：化学工业出版社电子书读者调查问卷分析[J].科技与出版,2009(4):48-50.

[6] 杨明慧.电子图书消费者阅读及购买行为探析[D].广州：暨南大学,2011.

[7] 范德韦尔,黄庆.电子书：发现与发明[J].出版科学,2011,19(2):5-6.

[8] Huang L Y, Hsieh Y J. Consumer electronics acceptance based on innovation attributes and switching costs: The case of e-book readers[J]. Electronic Commerce Research and Applications, 2012, 11(3): 218-228.

[9] Sprague N, Hunter B. Assessing e-books: Taking a closer look at e-book statistics[J]. Library Collections, Acquisitions, and Technical Services, 2008, 32(3/4): 150-157.

[10] 张春红,蒋刚苗.中文电子图书比较研究[J].大学图书馆学报,2002,20(1):35-41.

为例分析了电子图书提供商的经营模式。① 黄飞燕等则对电子图书提供商 NetLibrary 的运营模式进行了分析。②

另外,还有些文献对电子图书阅读器的使用情况进行了分析,这些研究结论也可以从侧面反映读者使用电子图书内容产品的情况,如 Qian 通过实证分析了电子图书阅读器 Kindle 的使用情况,研究结果表明,对于电子图书阅读器的使用者来说,电子图书阅读器的使用效果还是非常不错,尽管在读者使用过程中也发现了一些读者的新要求。③ 杨志刚等基于文献和相关网站调研的形式对电子书阅读器在国外图书馆的应用情况的研究进行了很好的综述。④ 匡文波等也从电子图书阅读器 Kindle 的发展分析为基础,总结电子图书阅读在使用中存在的优势和不足。⑤

2.1.4　电子图书商业运作模式及产业发展研究

既然读者使用电子图书和传统纸质图书的模式存在不同,对于图书馆管理工作而言,如何更加有效地为读者提供服务也是电子图书的出现给图书馆管理工作带来的新问题。Lloret 对电子图书的出现对于图书管理工作带来的新问题进行了分析,从图书的采购服务、计划组织工作以及图书的流通管理工作分别进行了分析。⑥ Schroeder 和 Wright 对图书的采购工作进行了分析,文章指出为了更好地服务读者,图书馆需要重新考虑其运作模式,"用户驱动采购"模式可以帮助图书馆提高运行效率。⑦ 胡振华分析了电子图书的快速发展对图书馆藏书建设的

---

① 黄国彬,孙坦,黄飞燕,等.电子图书提供商经营模式研究:以 ebrary 为例[J].图书馆杂志,2007,26(10):17-19,26.
② 黄飞燕,孙坦,黄国彬,等.电子图书提供商 NetLibrary 运营模式研究[J].图书馆杂志,2007,26(11):54-58,32.
③ Qian J. Evaluating the Kindle DX e-book reader: Results from Amazon.com customer reviews[J]. Performance Measurement and Metrics, 2011, 12(2): 95-105.
④ 杨志刚,张新兴,庞弘燊.电子书阅读器在国外图书馆的应用现状及存在问题[J].大学图书馆学报,2011,29(4):11-17.
⑤ 匡文波,龚捍真,蒲俊.电子阅读器 Amazon Kindle 的发展及其影响[J].图书馆理论与实践,2011(2):90-92.
⑥ Lloret Romero N. The management of e-book collections and their implication on the economic management of the library[J]. The Bottom Line, 2011, 24(3): 173-179.
⑦ Schroeder R, Wright T. Electronic books: A call for effective business models[J]. New Library World, 2011, 112(5/6): 215-221.

影响。[1]

也有一些文献对数字产品的商业模式进行了研究,如 Bradley 按照下载和浏览模式以及是否有中间商将数字产品商业模式分为四种,然后分析了商业模式的演化。[2] Benlian 和 Hess 则对出版企业的商业运营模式进行了实证分析。[3]

Carreiro 对电子图书技术的出现对于出版业影响进行了分析,研究结论为出版业并不会像人们所宣称的那样是个夕阳产业,其实出版业正面临着一个数字化的革命。电子图书市场现在正在快速增长,出版商们也会将电子出版纳入其业务范围内,电子图书的出现给出版业带来一些新的挑战的同时也会给其带来新的发展机遇。[4] Wolf 也指出,如果传统纸质图书出版将走向灭亡的话,也不是因为电子图书的出现,而是由人们阅读习惯的改变所带来的。[5] Maxim 和 Maxim 则通过实证数据分析了电子图书的出现对图书出版业的影响。[6] Cordón 等通过文献整理的方式归纳总结了西班牙的电子出版产业的发展情况。[7] Lin 和 Zhang 则分析了台湾电子图书产业的发展情况。[8] Øiestad 和 Bugge 则分析了挪威的电子出版业的发展情况。[9]

中文文献中也有一些文献研究电子图书出现后对传统出版业的影响并对电子图书出版业的发展趋势进行了预测分析,如贡小明等对河北电子图书出版产业的发展情况进行了研究,研究表明,发展数字出版是新闻出版行业的战略重点,也是出版产业实现突破的方向,电子图书的产业化是出版界目前需要探索和亟待解

---

[1] 胡振华. 电子书产业发展下的高校图书馆馆藏建设研究[J]. 图书馆建设,2011(3):36-39.
[2] Bradley S, Kim C, Kim J, et al. Toward an evolution strategy for the digital goods business[J]. Management Decision, 2012, 50(2): 234-252.
[3] Benlian A, Hess T. A contingency model for the allocation of media content in publishing companies[J]. Information & Management, 2007, 44(5): 492-502.
[4] Carreiro E. Electronic books: How digital devices and supplementary new technologies are changing the face of the publishing industry[J]. Publishing Research Quarterly, 2010, 26(4): 219-235.
[5] Wolf K H. The death of the book? [J]. Journal of Documentation, 2010, 66(3).
[6] Maxim A, Maxim A. The role of e-books in reshaping the publishing industry[J]. Procedia—Social and Behavioral Sciences, 2012, 62: 1046-1050.
[7] Cordón García J A, Alonso Arévalo J, Martín Rodero H. The emergence of electronic books publishing in Spain[J]. Library Hi Tech, 2010, 28(3): 454-469.
[8] Lin C Y Y, Zhang J. Changing structures of SME networks: Lessons from the publishing industry in Taiwan[J]. Long Range Planning, 2005, 38(2): 145-162.
[9] Øiestad S, Bugge M M. Digitisation of publishing: Exploration based on existing business models[J]. Technological Forecasting and Social Change, 2014, 83: 54-65.

决的课题也是未来出版产业可持续发展的要点所在。① 王乐鹏等对我国电子图书行业的盈利模式进行了分析探讨,指出单纯依靠终端盈利的模式在我国电子图书发展中可能具有不可持续性,借鉴国外电子图书业发展的经验,文章提出了以下三种可能的盈利模式:内容付费模式、移动增值业务收费模式和图书广告盈利模式,指出我国电子图书业发展过程中,移动增值业务收费模式是目前较为可行的模式。② 姚娟在其学位论文中对电子书产业的商业模式的分析相对比较全面,读者可以借鉴其论文察看国内关于电子书产业商业模式的研究分析。③

针对电子图书的研究,大多集中于电子图书对图书馆管理工作的影响,对消费者的电子图书使用情况的分析也在逐渐增多,但对于电子图书的商业运作模式、产业发展等问题的研究还处于刚刚起步阶段。

2.2 数字产品供应链管理研究

电子图书的销售渠道不同于传统纸质图书,其销售渠道和软件、音乐等数字产品的销售渠道有些类似,故对其的研究可以借鉴对数字产品供应链管理问题研究的文献。目前,数字产品供应链管理相关的研究是供应链管理研究中较新的一个研究方向,而与此相关的文献大多集中于分析盗版行为对数字供应链协调问题的影响。Chellappa 和 Shivendu 的研究是最早对数字供应链协调性问题开展研究的文献之一,其研究结论表明,由于受到盗版行为的影响,在传统有形产品供应链中可以实现供应链协调的契约在数字产品供应链中可能不再适用,如固定版税收费 FFP(fixed-fee licensing policy)和单位产品版税收费形式 PCP(per-copy licensing policy)两种契约,在存在盗版行为时,零售商更乐于接受固定版税收费

---

① 贡小明,贡小秋,杜丽敏.河北省电子图书出版产业发展研究[J].河北学刊,2010,30(3):231-233.
② 王乐鹏,李春丽,王颖.我国电子书行业盈利模式探讨[J].现代商贸工业,2010,22(21):21-22.
③ 姚娟.中美数字出版商业模式比较研究:以电子书为例[D].湘潭:湘潭大学,2011.

合同。①② Feng 的研究③也得出了与 Chellappa 和 Shivendu④类似的结论。Jeong 等分析比较了在盗版行为存在下的固定费用和按单位可变费用进行收费合同存在的区别,发现固定费用完全转让合同总是能够实现供应链协调,但后者则未必。⑤ Khouja 和 Wang 研究发现盗版行为也会影响供应商的渠道选择决策同时也会影响供应链成员间的利润分配情况。⑥ Khouja、Park 和 Cai 的研究⑦与 Khouja 和 Smith 的研究⑧分析了在盗版行为存在的情况下的信息产品的定价问题。

以上对数字供应链的研究没有分析传统的实体产品和数字产品之间的竞争问题。Danaher 等通过准实验方法分析了数字产品供应链对实体产品销售以及盗版行为的影响,研究结论表明,在 DVD 产品的销售中,数字产品销售和盗版行为显著相关,实体产品的销售和数字产品的销售相关性并不显著。⑨ Deleersnyder 等也通过对报纸行业进行的分析中证明了传统报纸的销售可能会被替代的担忧

---

① Chellappa R K, Shivendu S. Pay now or pay later?: Managing digital product supply chains[C]// Proceedings of the 5th international conference on Electronic commerce—ICEC '03. September 30 – October 3, 2003. Pittsburgh, Pennsylvania. ACM, 2003: 230 – 234.

② Chellappa R K, Shivendu S. Managing piracy: Pricing and sampling strategies for digital experience goods in vertically segmented markets[J]. Information Systems Research, 2005, 16(4): 400 – 417.

③ Feng Y. Supply chain models and channel strategies for distributing tangible and intangible products with the Internet-enabled market[D]. Baltimore County: University of Maryland, 2008.

④ Chellappa R K, Shivendu S. Pay now or pay later?: Managing digital product supply chains[C]// Proceedings of the 5th international conference on Electronic commerce-ICEC '03. September 30-October 3, 2003. Pittsburgh, Pennsylvania. ACM, 2003: 230 – 234.

⑤ Jeong B K, Khouja M, Zhao K X. The impacts of piracy and supply chain contracts on digital music channel performance[J]. Decision Support Systems, 2012, 52(3): 590 – 603.

⑥ Khouja M, Wang Y L. The impact of digital channel distribution on the experience goods industry [J]. European Journal of Operational Research, 2010, 207(1): 481 – 491.

⑦ Khouja M, Park S, Cai G G. Channel selection and pricing in the presence of retail-captive consumers[J]. International Journal of Production Economics, 2010, 125(1): 84 – 95.

⑧ Khouja M, Smith M A. Optimal pricing for information goods with piracy and saturation effect[J]. European Journal of Operational Research, 2007, 176(1): 482 – 497.

⑨ Danaher B, Dhanasobhon S, Smith M D, et al. Converting pirates without cannibalizing purchasers: The impact of digital distribution on physical sales and Internet piracy[J]. Marketing Science, 2010, 29(6): 1138 – 1151.

也同样是被夸大了。① Jin 和 Li 则用博弈论分析了存在竞争性关系的两个内容提供商的技术采用决策,分析了市场和技术的不同环境对技术采用决策的影响。②

数字产品供应链的相关研究表明,在传统实体产品供应链中可以帮助实现供应链协调的策略可能在数字产品供应链中无法实现供应链的协调,故对数字产品供应链中竞争协调问题进行研究是非常必要的,同时盗版行为的存在也对供应链协调的问题带来不可忽视的影响。也有一些文献通过实证数据的分析表明了实体产品和数字产品之间的竞争程度,但在市场营销和运营领域中开展实体产品供应链与数字产品供应链之间的竞争协调问题的研究目前还没有发现。

2.3 多渠道供应链管理研究

多渠道供应链管理研究是近几年市场销售领域和运营领域的研究热点问题之一,相关研究大多集中于渠道选择、渠道之间的竞争和协调问题。多渠道供应链管理的相关研究可以参照黄健等③、Cattani 等④、Agatz 等⑤、胡东波和翟雯瑶⑥的研究等文献综述,本节采用黄健等的研究⑦的分析框架,分别从渠道选择、渠道冲突和渠道协调方面对相关文献进行综述,同时本书中也分别从博弈结构、需求类型、供应商决策变量、零售商决策变量、协调策略及供应链结构等方面对相关的文献进行归纳总结,见表 2-3。

---

① Deleersnyder B, Geyskens I, Gielens K, et al. How cannibalistic is the Internet channel? A study of the newspaper industry in the United Kingdom and The Netherlands[J]. International Journal of Research in Marketing, 2002, 19(4): 337 - 348.
② Jin B H, Li Y M. Analysis of emerging technology adoption for the digital content market[J]. Information Technology and Management, 2012, 13(3): 149 - 165.
③ 黄健,肖条军,盛昭瀚. 多渠道供应链管理研究述评[J]. 科研管理,2009,30(5):25 - 32.
④ Cattani K D, Gilland W G, Swaminathan J M. Coordinatingtraditionaland Internetsupplychains[M] // Simchi-Levi D, Wu SD, Shen ZJ. Handbook of Quantitative Supply Chain Analysis. Boston, MA: Springer, 2004: 643 - 677.
⑤ Agatz N A H, Fleischmann M, van Nunen J A E E. E-fulfillment and multi-channel distribution—A review[J]. European Journal of Operational Research, 2008, 187(2): 339 - 356.
⑥ 胡东波,翟雯瑶. 双渠道供应链定价策略与协调机制研究综述[J]. 科技管理研究,2013,33(2): 183 - 186.
⑦ 黄健,肖条军,盛昭瀚. 多渠道供应链管理研究述评[J]. 科研管理,2009,30(5):25 - 32.

表 2－3　多渠道供应链管理相关文献总结

参考文献	博弈结构			需求类型		供应商决策变量				零售商决策变量				协调策略		供应链结构
	N	S	NSD	随机	确定	批发价	直销价	库存	其他	零售价	促销	采购	其他	协调契约	其他	
Anderson 和 Bao①	√				√	√				√						nM-nR
Rajagopalan 和 Xia②		√			√	√	√		种类	√				WP		1M-2R
Zhang 等的研究③	√				√	√	√			√			位置		无领导者	2M-1R
Jeffers 和 Nault④		√			√	√				√						1M-3R
Yan 的研究⑤	√				√	√	√		品牌	√					品牌差异化	1M-1R
Hua 等的研究⑥		√			√	√	√		提前期	√						1M-1R

① Anderson E J, Bao Y. Price competition with integrated and decentralized supply chains[J]. European Journal of Operational Research, 2010, 200(1): 227－234.
② Rajagopalan S, Xia N. Product variety, pricing and differentiation in a supply chain[J]. European Journal of Operational Research, 2012, 217(1): 84－93.
③ Zhang R, Liu B, Wang W L. Pricing decisions in a dual channels system with different power structures[J]. Economic Modelling, 2012, 29(2): 523－533.
④ Jeffers P I, Nault B R. Why competition from a multi-channel E-tailer does not always benefit consumers[J]. Decision Sciences, 2011, 42(1): 69－91.
⑤ Yan R L. Managing channel coordination in a multi-channel manufacturer-retailer supply chain[J]. Industrial Marketing Management, 2011, 40(4): 636－642.
⑥ Hua G W, Wang S Y, Cheng T C E. Price and lead time decisions in dual-channel supply chains[J]. European Journal of Operational Research, 2010, 205(1): 113－126.

续表 2-3

参考文献	博弈结构			需求类型		供应商决策变量				零售商决策变量				协调策略		供应链结构
	N	S	NSD	随机	确定	批发价	直销价	库存	其他	零售价	促销	采购	其他	协调契约	其他	
Khouja等的研究①		✓			✓				渠道选择	✓						1M-1R
Khouja和Wang的研究②			✓		✓	✓	✓		渠道选择	✓						1M-1R
Huang和Swaminathan的研究③	✓				✓		✓		定价策略	✓						1M-1R
Wu的研究④		✓		✓		✓				✓						nM-nR
Wu等的研究⑤		✓		✓		✓	✓	✓				✓				2M-2R
Kurata等的研究⑥			✓	✓					营销策略	✓				MU		2M-2R

① Khouja M, Park S, Cai G G. Channel selection and pricing in the presence of retail-captive consumers[J]. International Journal of Production Economics, 2010, 125(1): 84–95.
② Khouja M, Wang Y L. The impact of digital channel distribution on the experience goods industry[J]. European Journal of Operational Research, 2010, 207(1): 481–491.
③ Huang W, Swaminathan J M. Introduction of a second channel: Implications for pricing and profits[J]. European Journal of Operational Research, 2009, 194(1): 258–279.
④ Wu D S. Coordination of competing supply chains with news-vendor and buyback contract[J]. International Journal of Production Economics, 2013, 144(1): 1–13.
⑤ Wu D S, Baron O, Berman O. Bargaining in competing supply chains with uncertainty[J]. European Journal of Operational Research, 2009, 197(2): 548–556.
⑥ Kurata H, Yao D Q, Liu J J. Pricing policies under direct vs. indirect channel competition and national vs. store brand competition[J]. European Journal of Operational Research, 2007, 180(1): 262–281.

续表 2-3

参考文献	博弈结构			需求类型		供应商决策变量				零售商决策变量				协调策略		供应链结构
	N	S	NSD	确定	随机	批发价	直销价	库存	其他	零售价	促销	采购	其他	协调契约	其他	
Ai 等的研究①		√			√	√						√		RP		2M-2R
Chen 和 Bell 的研究②	√				√	√				√		√		RP		1M-1R
Yue 和 Raghunathan 的研究③		√			√	√				√		√		RP		1M-1R
Lau 等的研究④		√			√	√		√				√		QD		1M-nR
Shin 和 Benton 的研究⑤		√			√				√			√		QD		1M-1R
Brown 等的研究⑥		√			√				回购价	√				RP		1M-1R
Chen 和 Bell 的研究⑦	√				√	√						√		RD		1M-1R

① Ai X Z, Chen J, Zhao H X, et al. Competition among supply chains: Implications of full returns policy[J]. International Journal of Production Economics, 2012, 139(1): 257–265.

② Chen J, Bell P C. Coordinating a decentralized supply chain with customer returns and price-dependent stochastic demand using a buyback policy[J]. European Journal of Operational Research, 2011, 212(2): 293–300.

③ Yue X H, Raghunathan S. The impacts of the full returns policy on a supply chain with information asymmetry[J]. European Journal of Operational Research, 2007, 180(2): 630–647.

④ Lau A H L, Lau H S, Wang J C. Designing a quantity discount scheme for a newsvendor-type product with numerous heterogeneous retailers[J]. European Journal of Operational Research, 2007, 180(2): 585–600.

⑤ Shin H, Benton W C. A quantity discount approach to supply chain coordination[J]. European Journal of Operational Research, 2007, 180(2): 601–616.

⑥ Brown A, Chou M C, Tang C S. The implications of pooled returns policies[J]. International Journal of Production Economics, 2008, 111(1): 129–146.

⑦ Chen J, Bell P C. Coordinating a decentralized supply chain with customer returns and price-dependent stochastic demand using a buyback policy[J]. European Journal of Operational Research, 2011, 212(2): 293–300.

续表 2-3

参考文献	博弈结构			需求类型		供应商决策变量				零售商决策变量				协调策略		供应链结构
	N	S	NSD	随机	确定	批发价	直销价	库存	其他	零售价	促销	采购	其他	协调契约	其他	
Zhao等的研究[1]	✓			✓		✓			期权合同参数			✓		TPT		1M-1R
Chen等的研究[2]		✓		✓		✓			期权合同参数			✓				nM-nR
Xu等的研究[3]		✓		✓			✓			✓				RS		1M-1R
Hu等的研究[4]		✓		✓		✓		✓			✓			FOP		1M-1R
Cao等的研究[5]			✓	✓		✓		✓			✓			RS		1M-nR
Chen的研究[6]		✓			✓	✓		✓		✓				VMI+RS		1M-1R

[1] Zhao Y X, Ma L J, Xie G, et al. Coordination of supply chains with bidirectional option contracts[J]. European Journal of Operational Research, 2013, 229(2): 375-381.
[2] Chen X, Hao G, Li L. Channel coordination with a loss-averse retailer and option contracts[J]. International Journal of Production Economics, 2014, 150: 52-57.
[3] Xu G Y, Dan B, Zhang X M, et al. Coordinating a dual-channel supply chain with risk-averse under a two-way revenue sharing contract[J]. International Journal of Production Economics, 2014, 147: 171-179.
[4] Hu F, Lim C C, Lu Z D. Coordination of supply chains with a flexible ordering policy under yield and demand uncertainty[J]. International Journal of Production Economics, 2013, 146(2): 686-693.
[5] Cao E B, Wan C, Lai M Y. Coordination of a supply chain with one manufacturer and multiple competing retailers under simultaneous demand and cost disruptions[J]. International Journal of Production Economics, 2013, 141(1): 425-433.
[6] Chen L T. Dynamic supply chain coordination under consignment and vendor-managed inventory in retailer-centric B2B electronic markets[J]. Industrial Marketing Management, 2013, 42(4): 518-531.

续表 2-3

参考文献	博弈结构			需求类型		供应商决策变量				零售商决策变量				协调策略		供应链结构
	N	S	NSD	随机	确定	批发价	直销	库存	其他	零售价	促销	采购	其他	协调契约	其他	
Du等的研究[1]	√				√	√			价格折扣					CPO/PDO		1M-1R
但斌和徐的研究[2]		√		√		√		√		√		√		RS		1M-1R
曾敏刚和王旭亮的研究[3]		√		√		√		√		√				TPT		1M-1R
张辉的研究[4]		√		√		√				√	√		网上售价	RS		1M-1R

注: (1) 博弈结构中, N 表示 Nash 同时行动博弈, S 表示两阶段 Stackelberg 主从博弈, NSD 表示非 Stackelberg 序列动态博弈;

(2) 协调契约中, RP 表示回购契约, QD 表示数量折扣契约, MU 表示涨价批发价契约, WP 表示批发价折扣契约, FOP 表示弹性订购合同, RS 表示收入共享合同, CPO 表示信用支付期权合同, PDO 表示批发价折扣期权合同, TPT 表示二部合同;

(3) 供应链结构中, 1M-1R 表示一个供应商和一个零售商组成的供应链; 2M-1R 表示两个供应商和一个零售商组成的供应链; 1M-2R 表示一个供应商和两个零售商组成的供应链; 2M-2R 表示两个供应商和两个零售商组成的供应链; 1M-nR 表示一个供应商和多个零售商组成的供应链; nM-nR 表示多个供应商和多个零售商组成的供应链, 但本节仅加入的分析文献为 2006 年以后的相关文献。

(4) 本表内容各结构来源于文献: 黄健、肖条军和盛昭瀚的研究[5]。

---

[1] Du R, Banerjee A, Kim S L. Coordination of two-echelon supply chains using wholesale price discount and credit option[J]. International Journal of Production Economics, 2013, 143(2): 327-334.
[2] 但斌, 徐广业. 随机需求下双渠道供应链协调的收益共享契约[J]. 系统工程学报, 2013, 28(4): 514-521.
[3] 曾敏刚, 王旭亮. 需求不确定的双渠道供应链定价策略[J]. 工业工程, 2013, 16(2): 67-73.
[4] 张辉. 零售商双渠道供应链定价决策及协调性研究[J]. 科技与管理, 2013, 15(4): 45-50.
[5] 黄健, 肖条军, 盛昭瀚. 多渠道供应链管理研究述评[J]. 科研管理, 2009, 30(5): 25-32.

2.3.1 渠道选择相关研究

目前,与渠道选择相关的文献非常多,影响供应商渠道选择的因素有:市场结构、消费者的渠道偏好、渠道的替代性、供应链结构、供应链成员间的博弈类型等因素,在出现多种形式的产品时各产品之间的互补性也会影响供应商的渠道选择策略。

Chiang 等的研究[①]表明,消费者对于直销的接受度、直销对于传统销售渠道的替代性大小等因素会影响供应商的渠道选择决策。当消费者对于直销模式的接受度足够高时,对于供应商来说,建立直销渠道来与传统销售渠道进行竞争是必要的。增加直销渠道对于供应商来说是一种战略性的渠道控制策略,即使直销渠道没有带来任何销售收入,直销渠道的存在也可以间接通过传统销售渠道来为供应商增加利润。

Khouja 等的研究[②]分析了当零售渠道黏性的消费者存在时供应商面对直销和零售渠道时的选择策略,结论显示:当零售商从属于供应商时,影响供应商渠道选择的最重要的因素为直销和零售渠道销售产品的可变成本;而当零售商独立存在时,零售渠道黏性的消费者与混合销售渠道的消费者的市场份额比重将是影响供应商渠道选择的主要因素。

Cai 的研究[③]则分析了供应链结构对供应商的渠道选择决策的影响,该文比较了四种供应链结构在实现供应链协调前后的供应链运作绩效的变化,研究结论显示:在未能实现供应链协调时,供应商未必会从增加渠道中获益,在某些情况下,直销渠道比双渠道传统销售使供应商获得的利润额要高,但如果可以通过契约实现供应链协调,则供应商和零售商都会从中获益,但供应商的增加直销渠道的决策在零售商具有较强权力时,有可能会为其带来灾难性结果。

---

① Chiang W Y K, Chhajed D, Hess J D. Direct marketing, indirect profits: A strategic analysis of dual-channel supply-chain design[J]. Management Science, 2003, 49(1): 1-20.

② Khouja M, Park S, Cai G G. Channel selection and pricing in the presence of retail-captive consumers[J]. International Journal of Production Economics, 2010, 125(1): 84-95.

③ Cai G G. Channel selection and coordination in dual-channel supply chains[J]. Journal of Retailing, 2010, 86(1): 22-36.

Huang 和 Swaminathan 的研究[①]指出了在增加新销售渠道后,不同定价策略所带来的供应链利润会带来不同的变化,结论表明,在直销渠道存在成本优势时,在大多数情况下的直销渠道的价格都会低于传统销售渠道的价格。对所有的渠道采用同一价格虽然可能是供应链利润额的最大的定价策略,但由于其便于操作性以及和利润的最大值相差不大所以在实践中经常被采用。Lu 和 Liu 的研究[②]分析了在不同的博弈结构下,渠道的接受度对定价决策及渠道选择决策的影响,比较了在 Stackelberg 博弈和 Nash 均衡下的不同结果,同时分析了同一定价和差别定价模式下的不同结果。Xu 等的研究[③]也分析了当考虑需求除受价格影响外还受提前期影响时的定价及渠道选择策略。

陈远高和刘南的研究[④]对电子供应链出现后的供应商渠道选择和协调策略进行了文献整理,指出制造商之所以选择多渠道销售的战略动机为以下三点,一是可以增加目标市场覆盖,提升客户服务;二是为不同特征的产品系列选择不同的销售渠道;三是可以提升供应链系统整体绩效。

以上研究大多研究的是同一产品的不同销售渠道的选择策略,Khouja 和 Wang 的研究[⑤]则对音乐销售这种体验式产品的数字销售渠道和传统实体销售渠道之间的选择策略进行了分析,其研究结论显示,双渠道销售比单一销售渠道获利性更高,盗版行为的出现会对实体销售渠道带来利润的损失,而纯数字销售渠道的存在会降低盗版问题的发生。

2.3.2 多渠道供应链竞争问题研究

相当多的文献集中分析在双渠道供应链销售中的竞争和协调问题,其中大部

[①] Huang W, Swaminathan J M. Introduction of a second channel: Implications for pricing and profits[J]. European Journal of Operational Research, 2009, 194(1): 258-279.

[②] Lu Q H, Liu N. Pricing games of mixed conventional and e-commerce distribution channels[J]. Computers & Industrial Engineering, 2013, 64(1): 122-132.

[③] Xu H, Liu Z Z, Zhang S H. A strategic analysis of dual-channel supply chain design with price and delivery lead time considerations[J]. International Journal of Production Economics, 2012, 139(2): 654-663.

[④] 陈远高,刘南.电子供应链中的渠道选择与协调策略[J].统计与决策,2010(13):44-46.

[⑤] Khouja M, Wang Y L. The impact of digital channel distribution on the experience goods industry[J]. European Journal of Operational Research, 2010, 207(1): 481-491.

分文献都是考虑网络直销渠道对传统零售销售渠道的影响。尽管第二销售渠道的出现可能会吸引更多的消费者购买产品从而增加供应商的销售收入,但是这也可能会带来与传统零售渠间的"利润侵蚀效应"的问题,从而使得渠道间的竞争的增加,使得下游零售商的利润受损,从而为供应商与零售商之间的合作关系带来负面影响,故多渠道供应链竞争协调问题对于供应商乃至整个供应链系统来讲都是非常有益的研究内容。

Kurata 等研究发现在直销和非直销渠道存在价格竞争时,供应商提供批发价合同并不能协调供应链,通过合理涨价和降价策略可以得到双赢的结果并达到供应链协调的目的。[1] Huang 和 Swaminathan 的研究[2]对零售商的定价决策进行了分析,研究表明同时拥有传统和网络销售渠道的企业在一定条件下的产品的价格要高于纯网络销售渠道的企业对产品的定价。许传永等人的研究[3][4][5]考虑了消费者的渠道偏好和购买成本,分析了直销渠道和传统销售渠道并存时制造商的定价策略。

Anderson 和 Bao 的研究[6]对供应链和供应链之间的竞争进行分析,发现在不考虑分散决策会带来额外生产和交易成本下,供应链之间的价格竞争使得分散独立决策下的供应链要比集中决策下供应链的总体利润要高。Wu 等的研究[7]通过对产品价格和采购决策进行分析,发现当决策发生在一定时间段内,集中决策的结果好于独立分散时的供应链整体决策,但如果考虑到无限的决策周期,这个结果可能成立也可能不成立。Wu 通过对相互竞争的两条供应链的协调问题进行

---

[1] Kurata H, Yao D Q, Liu J J. Pricing policies under direct vs. indirect channel competition and national vs. store brand competition[J]. European Journal of Operational Research, 2007,180(1):262 - 281.

[2] Huang W, Swaminathan J M. Introduction of a second channel: Implications for pricing and profits[J]. European Journal of Operational Research, 2009,194(1):258 - 279.

[3] 许传永.两层双渠道供应链的优化与协调若干问题研究[D].合肥:中国科学技术大学,2009.

[4] 许传永,梁樑,苟清龙.一类两层双渠道供应链的库存系统优化与协调[J].预测,2009,28(4):66 - 70.

[5] 许传永,苟清龙,周垂日,等.两层双渠道供应链的定价问题[J].系统工程理论与实践,2010,30(10):1741 - 1752.

[6] Anderson E J, Bao Y. Price competition with integrated and decentralized supply chains[J]. European Journal of Operational Research, 2010,200(1):227 - 234.

[7] Wu D S, Baron O, Berman O. Bargaining in competing supply chains with uncertainty[J]. European Journal of Operational Research, 2009,197(2):548 - 556.

研究发现,供应链之间的竞争加剧并不一定是件糟糕的事情,而供应链各成员和整条供应链的利润随着供应链之间的竞争加剧而增加。[1] Zhang 等则考虑了供应链成员的领导地位,将供应商和零售商之间的权力平衡引入对双层双渠道供应链的定价分析中,研究结果表明虽然供应链成员往往努力追求成为供应链的领导者,但对于整个供应链来讲,无领导权力对于整个供应链系统来说是最优的结果。[2] Etzion 等的研究结论表明,当面临两个销售渠道时,若独立的最优化每个销售渠道则可能会因为两个渠道间存在竞争而带来整个系统的运行的次优结果。[3]

Rajagopalan 和 Xia 在研究中指出多渠道之间的竞争不仅体现在产品价格上,还体现在产品种类上,研究结果表明如果零售商们提供的产品覆盖整个销售市场的话,即使是简单的批发价合同也可以达到供应链协调的目的。[4]

但是也有文献对网络销售渠道对传统销售渠道的影响进行的分析得出了一些不同的结论,如 Lal 和 Sarvary 研究发现增加网络销售渠道不但不会增加价格竞争,反而会降低竞争程度。[5] Biyalogorsky 和 Naik 提出了一种检验在线销售对传统销售渠道影响的测量方法,通过实证分析发现,线上销售并不像大家想象中的那样会替代线下销售。[6] 同样,Jeffers 和 Nault 的研究结论也显示当在线上销售运输成本较低时,消费者并不会因为多渠道而受益。[7] Forman 等用实证数据证明了线上销售所带来的不利影响和渠道间的利润侵蚀效应(cannibalization

---

[1] Wu D S. Coordination of competing supply chains with news-vendor and buyback contract[J]. International Journal of Production Economics,2013,144(1):1-13.

[2] Zhang R, Liu B, Wang W L. Pricing decisions in a dual channels system with different power structures[J]. Economic Modelling,2012,29(2):523-533.

[3] Etzion H, Pinker E, Seidmann A. Analyzing the simultaneous use of auctions and posted prices for online selling[J]. Manufacturing &Service Operations Management,2006,8(1):68-91.

[4] Rajagopalan S, Xia N. Product variety, pricing and differentiation in a supply chain[J]. European Journal of Operational Research,2012,217(1):84-93.

[5] Lal R, Sarvary M. When and how is the Internet likely to decrease price competition? [J]. Marketing Science,1999,18(4):485-503.

[6] Biyalogorsky E, Naik P. Clicks and mortar: The effect of on-line activities on off-line sales[J]. Marketing Letters,2003,14(1):21-32.

[7] Jeffers P I, Nault B R. Why competition from a multi-channel E-tailer does not always benefit consumers[J]. Decision Sciences,2011,42(1):69-91.

effect)。① 所有的这些研究尽管网络销售渠道对于传统零售销售渠道来讲存在很多优势,但网络销售对传统销售渠道带来的利润侵蚀效益并没有人们想象中的那么严重,在未来的很长一段时间内这两种销售渠道都会是共存的形式。

2.3.3 多渠道供应链协调问题研究

当出现多渠道销售时,参与主体数量的增加,使得供应链协调问题更加复杂。当存在渠道冲突时,如何降低渠道间的冲突也是科研人员最近几年所关注的问题,如 Yan 在对多渠道供应链协调问题进行研究时就指出,有些生产商为了避免出现渠道冲突则采用放弃直销渠道或直销模式的存在仅仅为了收集数据和进行销售支持工作,对于如何有效地实现多渠道供应链的协调目前的研究还不足,他们发现采用品牌差异化战略可以实现供应链的协调;② 另外,但斌等则通过研究发现在双渠道销售中销售互补性的产品则同样可以实现供应链的协调;③ Kurata 等研究发现在直销和非直销渠道存在竞争时,供应商提供批发价合同并不能协调供应链,通过合理涨价和降价策略可以得到双赢的结果并达到供应链协调的目的。④ 陈远高和刘南在研究中也提出了基于代发货、信息共享和客户推荐以及服务合作的三种合作模式可以帮助实现多渠道供应链的协调。⑤

供应链成员间的横向竞争研究也是最新的研究热点问题之一,如 Sinha 和 Sarmah 分析了由两个供应商和一个零售商构成的供应链系统,研究结论表明,当供应商之间存在价格竞争时,两个供应商所提供的产品间的差异化程度和两种产品间的替代性或互补性会影响多渠道供应链成员间的冲突和协调问题。⑥ Wang

---

① Forman C, Ghose A, Goldfarb A. Competition between local and electronic markets: How the benefit of buying online depends on where you live[J]. Management Science, 2009, 55(1): 47 - 57.

② Yan R L. Managing channel coordination in a multi-channel manufacturer-retailer supply chain[J]. Industrial Marketing Management, 2011, 40(4): 636 - 642.

③ 但斌,肖剑,张旭梅. 双渠道供应链的产品互补合作策略研究[J]. 管理工程学报, 2011, 25(3): 162 - 166.

④ Kurata H, Yao D Q, Liu J J. Pricing policies under direct vs. indirect channel competition and national vs. store brand competition[J]. European Journal of Operational Research, 2007, 180(1): 262 - 281.

⑤ 陈远高,刘南. 电子供应链中的渠道选择与协调策略[J]. 统计与决策, 2010(13): 44 - 46.

⑥ Sinha S, Sarmah S P. Coordination and price competition in a duopoly common retailer supply chain[J]. Computers and Industrial Engineering, 2010, 59(2): 280 - 295.

等则分析了在一个供应商和两个零售商构成的供应链系统中,当两个零售商之间存在价格竞争时,合理设计一个广告成本分摊合同可以帮助实现供应链协调的目的。①

以往供应链协调研究文献大多表明供应链系统集中决策时利润要高于各供应链成员分散决策时的利润额,但最近的研究却发现如果考虑到供应链与供应链之间的竞争时,这种情形可能不成立。正如 Anderson 和 Bao 的分析结果表明的那样,供应链之间的竞争在不考虑分散决策会带来额外生产和交易成本下,价格竞争使得分散独立决策下供应链的总体利润要比集中决策下供应链的总体利润要高。②

目前也有文献分析了电子图书的销售对传统纸质图书销售的影响。如 Jiang 和 Katsamakas 分析了电子图书销售市场的进入对整个图书市场的影响,研究结论表明,市场的不对称性、电子图书销售的所有权以及读者的偏好与影响图书的价格、市场的份额以及图书的可读性。③ Hua 等分析了出版商的渠道选择策略,发现纸质图书的批发价格和读者对于电子图书的接受度会影响出版商的渠道选择策略。④ 以上这两篇文献没有考虑到图书的定价问题、出版商和图书零售商的合作模式以及利润分配问题。

根据以上关于多渠道供应链管理的相关研究文献的总结,可以发现在此领域开展的研究,其研究内容越来越复杂。从供应链结构上来看,以往研究大多从单一供应商和单一零售商构成的供应链成员间的竞争协调问题进行分析,而最近几年的研究逐渐向多供应商和多零售商构成的供应链之间的竞争协调问题进行扩展;从需求的类型上,也从采用确定性需求模型逐渐分析随机需求模型;从决策变

---

① Wang S D, Zhou Y W, Min J, et al. Coordination of cooperative advertising models in a one-manufacturer two-retailer supply chain system[J]. Computers and Industrial Engineering, 2011,61(4): 1053-1071.

② Anderson E J, Bao Y. Price competition with integrated and decentralized supply chains[J]. European Journal of Operational Research, 2010,200(1):227-234.

③ Jiang Y B, Katsamakas E. Impact of e-book technology: Ownership and market asymmetries in digital transformation[J]. Electronic Commerce Research and Applications, 2010,9(5):386-399.

④ Hua G W, Cheng T C E, Wang S Y. Electronic books: To "E" or not to "E"? A strategic analysis of distribution channel choices of publishers[J]. International Journal of Production Economics, 2011, 129(2): 338-346.

量上看,不论是在供应商还是在零售商方面,决策变量都变得越来越复杂,从之前仅仅考虑价格之间的竞争,逐渐向其他形式的竞争形式进行转换;而从协调策略上看,协调契约的形式也逐渐复杂化,从之前考虑的回购契约到更为复杂的信用支付期权合同。

2.4 文献述评

电子图书作为一种新生事物,对其开展的研究还处于刚刚起步阶段,目前对于电子图书的研究大多从概念界定、版权保护及相关技术的研究和电子图书的使用情况的研究,从经济和管理角度对其商业运作模式及产业开展的研究相对还较少。从电子图书的使用情况上,不论是从电子图书馆提取出的读者图书使用数据的分析上,还是从电子图书的商业销售数据上看,目前读者对于电子图书的认知程度已经达到了一定的水平,但从读者的使用行为上看,电子图书在科研研究、学习及一些其他深入阅读情况下的使用率还较低,这不仅与电子图书的功能还不够完善有关,更多的原因是和读者长期以来的阅读习惯难以改变有关。

电子图书是否可以看作是纸质图书的一种替代产品,二者能否简单地看作是对方的替代品,这取决于读者对电子图书和纸质图书的不同偏好。针对读者的选择性行为偏好进行的相关文献表明,读者在纸质图书和电子图书之间进行选择时,很多因素会影响读者的产品选择决策,从电子图书和纸质图书销售数据的实证研究中也表明,电子图书和纸质图书之间不能仅仅看作是对方的替代品。所以仅仅把电子图书看作是纸质图书的替代品是不够全面。

在多渠道供应链管理的相关研究中,虽然有文献对供应链成员间竞争协调问题进行了分析,但是大多文献都是研究同一产品的传统销售渠道和网络销售渠道的供应链竞争协调问题,或者是相互替代的产品在同一销售渠道中所带来的竞争协调问题,而对于像电子图书这样的数字信息产品所在的数字销售渠道对网络销售渠道的影响进行分析的研究目前还比较少。电子图书的销售渠道和传统的网络销售渠道存在很大不同,电子图书销售供应链中的各供应链成员间的协调问题与传统纸质图书销售供应链成员间的竞争协调问题存在不同,故对电子图书销售供应链以及其对纸质图书供应链之间的竞争协调问题进行研究是非常必要的。本书试图从消费者(读者)对电子图书的不同选择偏好分析入手,对电子图书的定价策略以及数字销售渠道对实体商品销售渠道的影响进行研究,同时从供应链竞争协调理论出发,对实体产品和数字信息产品供应链中各成员间的利润分享和供应链间协调进行分析,这也会是对多渠道供应链管理领域的相关文献的有益补充。

第三章 电子图书供应链特点分析

3.1 传统纸质图书供应链特点

传统纸质图书的出版发行过程涉及内容及传播载体供应、编辑加工、发行、仓储运输等环节,供应链成员有出版商、发行商、零售商、印刷企业等等多个参与主体。各供应链成员各司其职,出版商负责图书的内容传播载体供应、图书的编辑加工等工作,发行商负责图书的流通环节,书店负责图书的零售工作。从图书的利润链上来看,传统纸质图书的印刷成本为书价的20%左右,稿费支出占书价的5%~15%,管理成本占书价的6%~10%,出版商平均以书价的50%批发给批发商,批发商赚取3%~8%后发行给零售商,零售商以书价的80%~100%销售出去,因此图书从出版到销售的利润可以达到50%以上。但有研究表明,从供应链管理角度分析,传统纸质图书供应链运行效率并不高,出版业在仅出版传统纸质图书时的利润率并不高。[1]

在供应链中,牛鞭效应是普遍存在的现象,也是供应链管理领域中的一大研究课题,在图书供应链中也不例外,正如席殊书屋的发起者席殊先生所说的那样,图书供应链中"牛鞭效应"比其他任何行业都要严重,故对于图书供应链的研究,有相当多的文献都集中于研究图书供应链库存问题、图书供应链中的"牛鞭效应"等等问题(如黄丽娟[2]、陈御钗和王建洲[3]的研究等)。联合库存管理[4]、供应商管理库存(VMI)、图书流通信息平台的构建等都是提高图书供应链运作效率的有效

---

[1] 吴时宇.图书供应链现状及提高运作效率的对策[J].管理观察,2013(21):102-103.
[2] 黄丽娟.供应链管理中的牛鞭效应(Bullwhip Effect)现象研究:以图书供应链为例[J].科技进步与对策,2005,22(4):143-145.
[3] 陈御钗,王建洲.我国图书供应链低效运作问题研究[J].科技与管理,2007,9(6):148-150.
[4] 夏雨.我国图书出版业供应链构建与管理研究[D].北京:北京印刷学院,2012.

管理方法(见赵宇龙和阎志芳①、张美娟等②的研究)。

传统纸质图书可以看作为易逝消费品,其销售有一定的销售周期,在出版商出版一本图书之前很难预测图书的实际销售量,但出版商需要在销售周期开始时需要确定出版图书的数量,在图书销售周期结束后,很多未能售出的图书将会在滞留于图书销售商手中,形成图书供应链中"库存"过高的问题。传统纸质图书的销售大多为寄销模式,出版商发货给分销商,分销商销售一段时间后,可以将未售出的图书退货给出版商(分销商一般有10%~20%的退货权利)。对于书店来说,作为图书的零售商也不必担心未售出的书籍,在图书销售周期结束后同样可以返还给出版商,也就是说,回购契约在图书供应链中广泛应用。

网上书店的出现,为传统纸质图书的销售提供了一种全新渠道,网站购书的便利性和价格优势深受读者的喜爱,这给传统书店的销售带来了不少压力。既然图书销售存在多种渠道,则不可避免地会出现渠道间的竞争,正如《2012—2013年中国出版业发展报告》中指出的那样,网上书店在影响读者购书行为和购书习惯的同时,也开始对图书零售渠道产生结构性影响,故在图书销售领域中供应链渠道间的竞争和合作也是理论界和实践界积极探讨的问题。对于线上和线下间的图书销售的合作模式,已经探索出了一些成功的模式,如日本的纪伊国屋书店采用"连锁书店+物流联盟"的形式,可以允许读者在网上书店购买图书而在就近书店取货;另外,在网上书店中的图书推荐中心发布一些书籍的相关信息,以此鼓励读者去实体书店购买相应的书籍等模式也是成功实现跨渠道间合作模式之一。

总体来说,传统纸质图书供应链管理的研究重点集中于供应链成员间的信息共享、库存问题的研究,网上书店的出现给图书供应链管理领域提出了新的问题,电子图书出现后,图书又出现了新的产品形式以及销售渠道,这使得图书供应链管理面临更加复杂,供应链竞争和协调问题也更多,需要进一步分析解决的问题更多更复杂。

---

① 赵宇龙,阎志芳.图书供应链中的需求变异放大现象及对策[J].科技与出版,2007(6):53-54.
② 张美娟,吴丹,樊荣.试论基于供应链中游的图书流通信息平台的构建[J].出版发行研究,2009(4):37-40.

3.2 电子图书供应链特点

电子图书的出现使得图书的载体和发行渠道不再局限于原有的纸质图书形式,而电子图书阅读器的出现使得读者很方便快捷地获取电子版图书,这对传统纸质图书的销售、生产等过程带来了巨大冲击,给传统图书出版行业带来了巨大的转型压力。电子图书供应链相较于传统纸质图书供应链而言,实现了产品形态的无形性、信息传输的即时性,从而带来供应链流程的简化性,具有可以满足客户需求的个性化定制等优点,同时也面临着巨大挑战。盗版、自出版模式和价格被认为是电子图书的发展给图书出版业带来的主要挑战。本章试图从电子图书所面临的以上挑战的角度,对电子图书供应链与传统纸质图书供应链的不同之处进行分析。

3.2.1 盗版

盗版问题一直是图书的出版发行过程中面临的问题,而电子图书的出现则使得这一问题更加严重,对图书供应链的影响更深。电子图书的分销和销售过程可以完全通过网络来完成,这种产品的供应链被称为数字销售渠道,类似的产品还有音乐、软件等等无形产品,盗版问题是这类产品面临的一大通病,如音乐DVD的销售受到数字销售渠道的冲击是非常大的,有研究认为这主要的原因在于盗版的存在,一些研究音乐的使用终端的大众化,即音乐可以在电脑、MP3、MP4等通过的设备上广泛下载,当然也有人担心电子图书的发展会重蹈音乐发展的覆辙,不管怎样,电子图书和音乐的销售的一个挑战之共同之处在于盗版行为的影响,对于电子图书来说,盗版问题也是不容忽视的问题。

3.2.2 自出版模式

电子图书的出版发行过程与传统纸质图书的出版发行存在不同。如果将电子图书的类型分为纸质图书的再生形式和原生电子图书两种的话,将原有纸质图书电子化的过程相对来说是一个较为简单的过程,此中除涉及版权保护的问题外,供应链中需要协调的问题相对较为简单,原生电子图书的出版发行过程则与此存在很大不同,它和传统纸质图书的出版发行过程也不同。电子图书的出版发行过程参与的供应链成员除出版社之外,还有内容集成商、电子图书阅读器硬件提供商、网络服务提供商等新的参与主体,各供应链成员在价值链中的功能及作用也有别于传统纸质图书的出版发行过程。

除图书供应链的成员结构发生了变化,电子图书的出现还改变了传统的图书出版模式,在传统纸质图书的出版中,基本的出版模式为:作者—出版社—发行商—零售商—读者,电子图书技术的发展使得这一模式发生本质改变,"自出版模式"的出现使得任何一个读者都可以变成作者(见 Ho 等的研究[①]的分析),这种新的出版模式不仅改变了图书供应链的长度,同时也改变了传统出版商、发行商的职能,如传统出版社的三大功能选书、制作、营销功能将被拆散,市场上可能会出现能够帮助作者进行专业文稿编辑和制作电子图书的工作室,也可能会出现专门搜购自费编制图书作者的作品,并为图书进行销售推广的经销商。[②]

3.2.3 电子图书的定价模式

电子图书的定价问题涉及两个问题:一是谁来定价问题,二是如何定价问题。在电子图书阅读器出现之初,定价权掌握在销售商手中,随着电子图书市场竞争的升级,由销售商制定图书价格这种模式受到质疑,各利益相关主体都想通过努力试图左右电子图书的价格,在定价权之争中涉及的利益主体有作者、出版商、零售商、内容提供商、网络(技术)服务商等,另外,消费者在定价决策中的作用也不容忽视。[③] 在定价权之争中较为典型的争论之一为出版商和销售商之争,在"代理模式"定价采用后,电子图书的定价权就由图书零售商转移到了"出版商"。在"代理模式"采用后,由出版商负责电子图书的价格,而电子图书销售后,销售收入的一定比例交由图书零售商,出版商获取剩余比例的销售收入部分。

关于"如何定价"的问题,一些文献已经指出,相对于纸质图书,影响电子图书定价的因素更加复杂,定价方法的选择也是更加慎重的。目前,在电子图书的定价方法研究中,常见的定价策略有:捆绑定价、心理定价、代理定价等模式,相关研

---

① Ho H Y, Wang L W, Cheng H J. Authors, publishers, and readers in publishing supply chain: The contingency model of digital contents production, distribution, and consumption [J]. Systems Engineering Procedia, 2011, 2: 398 – 405.

② 王樵一. 电子书也需要总经销吗? [J]. 出版参考, 2011(16): 42.

③ 刘晖. 电子书定价难题之解: 引入读者主体的定价机制[J]. 编辑之友, 2010(10): 39 – 41.

究可以参考王艳玲的研究①。在电子图书的销售中,价格高并不一定带来高利润,练小川就指出了在电子图书定价中,消费者对于价格的需求弹性对销售额带来不同影响,电子图书读者的价格敏感性较高,价格的下降会带来更多的读者,从而使得销售商利润额的增加。② 黄昱凯等的研究也指出电子图书的价格弹性与纸质图书的价格弹性存在不同,销售商可以通过调整电子图书和纸质图书的价格来获取更高的市场占有率。③

提到价格,就不得不提起"价格战"。价格折扣大战在纸质图书的销售中从来就不陌生,纸质图书的价格战也从来就没有停止过,除实体书店之间开展的价格战之外,一些网络书店也同样会出现价格战,如在2009年底,当当、亚马逊、京东商城就传统纸质图书的网络销售就开展了价格战。电子图书出现后,这种价格战越演越烈,图书的价格战不仅存在不同的电子图书提供商之间就电子图书的销售开展的争夺,还存在于纸质图书和电子图书之间的销售争夺战中。就在当当网电子书内容平台上线半个月后,京东商城于2012年1月8日也启动电子书刊付费下载项目,自此当当网和京东商城就电子图书的价格大战拉开帷幕。而在2009年美国亚马逊网站和沃尔玛开展的图书价格战中,则是图书销售商开展的电子图书和纸质图书不同形式图书之间的价格竞争。目前的研究文献表明,关于电子图书如何定价的文献要多于谁来定价的文献,故本书就试图通过对"谁来定价"的问题进行分析,同时进一步分析图书供应链成员中和合作模式进行分析。

3.3 电子图书供应链和传统纸质图书供应链比较

在分析了传统纸质图书供应链和电子图书供应链之后,本节从多渠道供应链竞争及协调角度来分析传统纸质图书供应链和电子图书供应链的不同之处。

电子图书供应链和传统纸质图书供应链由于产品的类型存在不同,供应链成员的组成、供应链成员间的组织结构以及合作模式等方面也存在不同,本节在以上方面对此进行分析。

---

① 王艳玲.电子书定价方法概观[J].图书馆学刊,2011,33(7):73-75.
② 练小川.电子书应该如何定价?[J].出版参考,2011(9):39.
③ 黄昱凯,万荣水,范维翔.影响读者选择电子书行为因素初探[J].出版科学,2011,19(3):12-17.

表 3-1　纸质图书供应链与电子图书供应链的比较

	纸质图书供应链	电子图书供应链
产品类型	有形产品	无形产品
供应链参与主体	作者、出版商、印刷企业、图书发行商、图书零售商等	作者、出版商、硬件提供商、网络服务运营商、内容服务集成商等
供应链组织结构	树型结构、网状结构	多种结构形式
供应链成员间合作模式	基于信息共享和回购契约的合作模式	代理模式及其他可供选择全新合作模式

（1）产品类型不同。传统纸质图书是有形产品，其在出版发行中不能缺少物流配送工作，产品的商流和资金流可以通过网络来完成，但往下的物流配送工作是不可忽视的重要内容，而物流运行的效率高低往往决定着图书供应链整体的运行情况；而电子图书是一种无形的产品，其与出版发行的大部分工作都可以直接通过网络来完成，其对物流配送就不存在依赖关系，故这与传统纸质图书的供应链的运行情况将存在极大不同。

（2）供应链参与主体不同。传统纸质图书的出版发行涉及作者、出版商、印刷企业、图书发行商、图书零售商等供应链成员，在供应链运行中，各个参与主体各司其职，缺一不可；而电子图书的出现，则带来了一些新的出版发行模式，在电子图书的出版发行过程中，图书发行商和图书零售商的作用则不那么重要，同时由于电子图书还需要相关的硬件支持，故电子图书供应链中涉及的供应链成员除作者、出版商外，还涉及网络服务运营商、内容服务集成商等新的参与主体。

（3）供应链组织结构形式不同。传统纸质图书的出版发行呈现出各参与主体之间的交叉复杂的树形或网状结构形式，而电子图书中"自出版"模式的出现，则表明电子图书供应链成员间的组织结构形式更加灵活和简洁，这是传统纸质图书供应链的组织结构形式中所很少出现的特点，故两种供应链在组织结构形式上也存在不同。

（4）供应链主体间的合作模式存在不同。在电子图书供应链的纵向合作中，一些在纸质图书销售中可以实现供应链协调的契约在此处没有任何用武之地，如在纸质图书的销售中，回购契约广泛存在，纸质图书零售商可以将未售出的纸质图书在销售周期完成后退还给出版商，而在电子图书的销售中这种没有任何的必要。另外,在实体产品进行分销时需要考虑的库存问题,如存在缺货时带来的成本、库存持有成本等问题在电子图书的销售中也没有任何考虑的必要。故电子图书销售供应链的出现与传统实体产品供应链不同,需要进一步重新考虑其供应链的结构以及实体纸质图书和电子图书共存时的横向和纵向协调策略,这些都需要进一步分析。

3.4 读者的图书产品选择策略的分析

影响消费者购买决策的因素非常多,消费者行为学通过各种方法对消费者的购买决策进行了分析,而在运作管理领域中,基于消费者行为分析的研究也是运营领域中新的研究热点问题之一,如在国际期刊《生产与服务运作管理》(M&SOM,Manufacturing and Service Operations Management)2011年的最佳论文评选中就有一篇关于消费者行为分析的文章获奖。而在我国,国家自然科学基金获批项目中关于供应链协调管理的研究也有不少基于行为分析的研究,如清华大学赵晓波教授就获得了"基于行为博弈的供应链管理研究"(重大国际合作)及"基于行为运筹学的供应链管理理论与方法研究"(重点项目)。

消费者的不同行为特点对运营管理理论中的一些研究结论会带来一些影响,如消费者的囤货行为[①]、退货行为[②]可能会影响供应链成员的库存决策,消费者对网络评价的依赖行为、消费者的策略性行为[③]等可能会影响渠道间的协调策略等,故将消费者行为的特点分析加入供应链管理理论中,这是一个全新的研究方向,也是供应链管理理论研究中的一个研究热点问题之一,相关的研究有许垒和

[①] Su X M. Consumer returns policies and supply chain performance[J]. Manufacturing & Service Operations Management,2009,11(4):595-612.

[②] Shulman J D, Coughlan A T, Savaskan R C. Managing consumer returns in a competitive environment[J]. Management Science,2011,57(2):347-362.

[③] Jerath K, Netessine S, Veeraraghavan S K. Revenue management with strategic customers: Last-minute selling and opaque selling[J]. Management Science,2010,56(3):430-448.

李勇建[①]、朱玉炜和徐琪[②]、晋盛武和罗海丹[③]、李莉等[④]、张昊昱和冯南平(2011)[⑤]的研究等。

影响读者的决策选择行为的因素应该非常复杂,目前的研究采用实证、实验的方法试图去解开读者在选择电子版图书还是纸质图书时所考虑的因素,但即便如此,该方面的研究还不够。

表3-2给出了关于读者在电子图书和纸质图书之间进行决策选择的相关研究文献的总结,从研究方法上看,基于图书馆的数据进行的实证分析和对读者开展的选择性偏好问卷调查分析占有较大比重。

表3-2 读者图书形式选择行为分析的文献总结

文献	方法	研究结论
Christianson和Aucoin的研究[⑥]	基于图书馆数据的实证分析	读者在使用电子图书和纸质图书过程中存在着不同偏好,图书内容所属学科、出版社等等因素会影响读者的选择行为
Slater的研究[⑦]	基于图书馆数据的实证分析	特定一本书的纸质版和电子版使用相关性并不显著,但从整个数据库图书使用数据分析,这两者之间存在相关性
Wu和Chen的研究[⑧]	基于实证及面谈进行的分析	人文社科由于其特殊性,其电子图书的使用较纸质图书的使用率低

[①] 许垒,李勇建.考虑消费者行为的供应链混合销售渠道结构研究[J].系统工程理论与实践,2013,33(7):1672-1681.

[②] 朱玉炜,徐琪.考虑消费者时间敏感的双渠道供应链竞争策略[J].计算机集成制造系统,2013,19(6):1363-1368.

[③] 晋盛武,罗海丹.基于消费者渠道偏好的供应链决策模型[J].合肥工业大学学报(自然科学版),2013,36(6):755-759.

[④] 李莉,刘欣,颜艳.考虑渠道偏好的双渠道供应链库存策略研究[J].工业工程,2013,16(3):45-49.

[⑤] 张昊昱,冯南平.搭便车行为对双渠道供应链的影响分析[J].价值工程,2011,30(17):1-3.

[⑥] Christianson M, Aucoin M. Electronic or print books: Which are used? [J]. Library Collections, Acquisitions, and Technical Services, 2005, 29(1):71-81.

[⑦] Slater R. E-books or print books, "big deals" or local selections—What gets more use? [J]. Library Collections, Acquisitions, and Technical Services, 2009, 33(1):31-41.

[⑧] Wu M D, Chen S C. The impact of electronic resources on humanities graduate student theses[J]. Online Information Review, 2010, 34(3):457-472.

续表 3-2

文献	方法	研究结论
Kannan 等的研究①	基于出版单位的销售数据的实证分析	电子图书和纸质图书之间的关系对于读者来说不是简单的相互替代关系,纸质图书对于读者来讲大多被看作是替代品,但电子图书对于传统纸质图书来讲,既可以被看作替代品,也可以看成传统纸质图书的不完全替代品和互补品
Bounie 等的研究②	基于图书零售商销售数据的实证分析	有些图书电子版和纸质版的替代性较高,但有些内容的电子图书销售的增加是由电子图书本身所带来的
Hiton 和 Wiley 的研究③	准试验分析	免费提供电子版图书下载服务,不仅没有使得纸质图书的销售量减少,反而带来了更多的读者选择购买纸质版图书
Foasberg 的研究④	日志记录	学术性学习或者需要长时间深入阅读的情况,大学生还是选择采用纸质文档;在休闲类的阅读或者短时的阅读的情况下,大学生选择使用电子版的文档来完成阅读
Dewan 的研究⑤	基于文献的归纳总结	由于读者对图书的认识、信息搜寻习惯等原因,电子图书不会完全取代纸质图书的结论
Berg 等的研究⑥	出声思维和实验	虽然参与者为熟悉电脑的新一代,但对于电子书还没有达到熟练使用的程度,使用过程中还存在很多问题,相比较于电子书,读者使用纸质书效率更高

---

① Kannan P K, Pope B K, Jain S. Practice prize winner: -pricing digital content product lines: A model and application for the national academies press[J]. Marketing Science, 2009, 28(4): 620-636.

② Bounie D, Eang B, Sirbu M, et al. Superstars and outsiders in online markets: An empirical analysis of electronic books[J]. Electronic Commerce Research and Applications, 2013, 12(1): 52-59.

③ Hilton J III, Wiley D. Free E-books and print sales[J]. The Journal of Electronic Publishing, 2011, 14(1): 89.

④ Foasberg N M. Student reading practices in print and electronic media[J]. College & Research Libraries, 2014, 75(5): 705-723.

⑤ Dewan P. Are books becoming extinct in academic libraries? [J]. New Library World, 2012, 113(1/2): 27-37.

⑥ Berg S A, Hoffmann K, Dawson D. Not on the same page: Undergraduates' information retrieval in electronic and print books[J]. The Journal of Academic Librarianship, 2010, 36(6): 518-525.

续表 3-2

文献	方法	研究结论
Pölönen 等的研究①	实验分析	对于深度阅读而言,纸质图书给读者带来更舒适的阅读经历
任会兰的研究②	基于选择偏好的问卷调查分析	电子图书的技术还存在很多不完善的地方,大学生对电子图书的认知率也有待提高
尚慧和李雪琴的研究③	基于图书馆读者使用偏好的调查分析	传统阅读习惯、电子图书宣传不到位等原因导致电子图书的使用还受到很大限制
孙玉玲的研究④	基于图书馆用户需求调查分析	读者对电子图书资源了解程度不高、利用率较低
王洪建、边瑶和周澍民的研究⑤	基于读者的问卷调查	在使用者中支付版税意识还不高,大多读者选择电子图书的原因是免费,电子图书版权还是影响其发展的重要原因
王丽娜和周伟斌的研究⑥	基于出版从业人员及读者的问卷调查分析	电子图书和纸质图书的阅读人群有交叉,电子图书和纸质图书之间不是完全的替代关系
吴娟和李雪琴的研究⑦	基于读者的问卷调查分析	阅读习惯的难以改变、宣传不到位、格式不统一等问题是电子图书资源未能充分得到利用的原因
杨明慧的研究⑧	基于读者的问卷调查	电子图书大多用于休闲,电子图书购买习惯还未形成,读者对电子图书的心理价位较低

---

① Pölönen M, Järvenpää T, Häkkinen J. Reading e-books on a near-to-eye display: Comparison between a small-sized multimedia display and a hard copy[J]. Displays, 2012, 33(3): 157-167.
② 任会兰.电子图书使用行为实证研究:以上海交通大学为例[J].情报理论与实践,2011,34(2):72-76.
③ 尚慧,李雪琴.电子图书在大学图书馆中的利用状况及存在问题研究[J].晋图学刊,2010(1):26-29,51.
④ 孙玉玲.中国科学院国家科学图书馆用户电子图书利用和需求调查分析[J].图书馆学研究,2011(20):77-83,76.
⑤ 王洪建,边瑶,周澍民.高校学生电子书阅读情况实证研究:以上海理工大学为例[J].科技与出版,2009(12):67-70.
⑥ 王丽娜,周伟斌.专业电子书的消费者行为研究:化学工业出版社电子书读者调查问卷分析[J].科技与出版,2009(4):48-50.
⑦ 吴娟,李雪琴.智慧图书馆智能服务平台的构建[J].中华医学图书情报杂志,2014,23(5):1-4.
⑧ 杨明慧.电子图书消费者阅读及购买行为探析[D].广州:暨南大学,2011.

续表 3-2

文献	方法	研究结论
杨涛的研究[①]	基于读者的使用行为的问卷调查	读者对电子图书有一定了解,但利用率较低,电子图书的有用性达到共识,但易用性共识不够,读者更加偏好纸质图书
吴春光的研究[②]	基于图书馆图书使用数据的实证分析	电子图书和纸质图书各有利弊,存在互补的特性
叶杭庆和赵美娣的研究[③]	基于图书馆图书使用数据的实证分析	内容、服务、揭示等方面的原因导致电子图书的使用率不高
陈万梅的研究[④]	基于选择偏好进行的问卷调查分析	电子图书的方便快捷、价格便宜、海量储存等优点很快被医学专业的大学生们所接受

不论是从消费者的选择偏好来看,还是从实际的使用数据来看,影响读者在两种形式图书之间的选择决策的因素非常多也非常复杂:如学科内容的不同会影响读者的选择,对于休闲类内容的阅读,选择电子版可以快速获取信息具有较高优势,故对于这类内容的图书,读者更加偏好于选择电子图书,而对于科研学习内容的图书,读者则更加倾向于选择纸质图书;电子图书技术的发展水平也会影响读者选择使用电子图书,虽然目前电子图书的功能有了很大提高,如具有了获取资源的便利性、海量存储、快速检索等功能,但电子图书在使用中仍然存在一些不完善的地方,如格式不统一、翻页速度慢等问题,这些问题也会影响读者的使用感受及选择偏好;读者本身的行为特点也是影响其在两种形式图书之间进行选择的主要因素之一,由于各种各样的原因,如长期以来读者形成的阅读习惯难以改变,对电子设备的使用不够熟练等原因,有些类型的读者无论电子图书的功能如何强大,这类读者仍然会选择纸质图书而不愿去选择电子图书。

以上是对读者的选择态度及其选择行为进行的相关研究,不论是何种原因影响着读者的选择决策,从使用行为的研究结果上,电子图书和纸质图书对于读者来说并不是简单的相互替代关系,有些读者将二者看作是替代关系,而另外一些

[①] 杨涛.电子图书使用行为实证研究:以华南师范大学图书馆为例[J].图书情报知识,2009(4):68-72.
[②] 吴春光.纸质图书与电子图书的差异化价值探讨[J].河南图书馆学刊,2009,29(3):26-28.
[③] 叶杭庆,赵美娣.电子图书在图书馆利用率的回顾与展望[J].中国出版,2011(16):59-62.
[④] 陈万梅.大学生使用电子图书调查[J].河南职工医学院学报,2012,24(6):810-812.

读者则不然,在购买了电子图书后仍然会选择纸质图书,即在这类读者看来二者更多的是互补关系。故从图书的总体使用情况上看,电子图书和纸质图书之间是替代性和互补性共存的一种关系。

本书中不考虑影响读者选择的因素,仅从读者的选择行为结果为基础,本书将某一图书的潜在消费者划分为以下四大类:

第一类为传统纸质图书黏性的读者。这类读者由于各种各样的原因,或许对纸质图书的特殊偏好,抑或由于长期以来养成的读书习惯难以改变等等原因,这部分读者对新生事物持排斥态度,不管电子图书的功能如何强大,其仍然选择购买纸质图书。正如易中天在接受采访时所说的那样,"电子图书完全替代纸质图书是不可能的,那种用手触摸精装书籍的美好触感,电子阅读永远无法代替。经典作品还是要靠纸质媒介呈现……"

第二类为电子图书技术带来的新增读者。对于某些读者来说,由于日常工作繁忙或许其他原因,使其无暇阅读纸质图书,而电子图书的出现部分满足这部分读者的阅读需求,电子图书的使用便利性可以帮助这部分读者随时随地获取到所需的图书资源,或者电子图书所具有的全新功能使得原先不爱读书的读者喜爱上了电子图书,如在 Bounie 等的研究[①]中就发现了这部分消费者的存在。

第三类读者对根据自己偏好以及两种产品的价格来作出购买决策,即对于读者来说,电子图书和纸质图书存在替代性,读者购买决策会根据读者对两种形式图书的偏好以及价格来进行决策。

第四类读者在使用电子图书时在购买了其中一种形式的图书以后,可能会根据自己的需要再购买另外一种形式的图书,即对于这一类读者来说,电子图书和纸质图书不是替代品而是互补品。

以上四类读者可能会在不同的学科中以及使用目的不同的图书中会表现出不同的结构组成,如在用于娱乐目的的阅读图书的市场中,第二类和第三类读者所占的比重较大,第一类和第四类读者所占比重较小,甚至没有;而用于科研学习为目的的图书阅读中,第一类和第四类读者所占比重较小,而第二类和第三类则较少。

---

① Bounie D, Eang B, Sirbu M, et al. Superstars and outsiders in online markets: An empirical analysis of electronic books[J]. Electronic Commerce Research and Applications,2013,12(1):52-59.

3.5 本章小结

本章首先分析了传统纸质图书供应链的特点,指出传统纸质图书供应链中库存问题是图书供应链研究中的重要问题,同时"牛鞭效应"在纸质图书供应链中的问题也较为严重,这主要的原因之一是由于需求的不确定性所带来的。在纸质图书供应链的相关问题研究中,对"牛鞭效应"研究较多,而相对较为成熟。在纸质图书供应链的实践中,回购契约得到广泛应用,回购契约不论在理论上还是在实践上都证明了可以帮助实现供应链协调,而回购契约在电子图书供应链中似乎没有应用价值。

和纸质图书的产品特点不同,由于电子图书产品为无形产品,同时不存在缺货或者持有库存的相关成本,故电子图书供应链将会和纸质图书供应链具有不同的特点,本章在分析了纸质图书供应链的基础上进一步从产品性质、供应链参与主体、供应链组织结构以及供应链的协调策略等方面对电子图书和纸质图书供应链的不同特点进行了分析。

同时,我们还从消费者的选择行为分析出发,对相关文献进行归纳总结,不考虑影响读者选择行为的因素,我们仅从读者产品形式选择的角度对消费者进行了划分,本章将消费者划分为以下四个类型:一是传统纸质图书黏性读者;二是电子图书新技术所带来新增消费者;三是将电子图书和纸质图书看作为替代品的消费者;以及第四将纸质图书和电子图书看作为互补品的消费者。总体来说,读者的需求特征不同,电子图书和纸质图书的关系也存在不同,在一些读者看来这两种形式的图书是相互替代品,而对于另外一些读者来说,这两种形式图书又是互补品,所以仅仅将电子图书看作是纸质图书的替代品,这样的研究假设还不够完整。

第四章 电子图书定价及产品出版形式选择策略分析

电子图书出现以后,图书既可以以电子图书的形式出售给读者,同时也可以以传统纸质图书的形式出售给读者。对于出版商来讲,需要进行的一项重要决策是产品以何种形式呈现给读者。在电子图书逐渐被读者接受的过程中,出版商应该何时进入电子图书市场,是否选择读者对电子图书接受度达到一定的程度以后再进入电子图书市场,在电子图书出现以后是否还需要提供图书的纸质版形式等等问题都是出版商面临的需要解决的新问题。

同时,在电子图书的定价中,对于读者来讲他们认为电子图书由于成本的构成不同故而价格应该低于传统纸质图书的价格。事实上,对于大部分电子图书来讲的确如此,但是有调查发现部分电子图书价格甚至和传统纸质图书的价格相当,甚至有的电子图书的价格还高于纸质图书。在电子图书的定价决策中,成本既然不是需要考虑的唯一因素,还有什么因素导致电子图书的价格比读者想象中的高?出版商或零售商在制定电子图书的定价决策中,还会考虑哪些因素?将电子图书的价格设置在一个相对较高的水平上是否是个合理的决策等问题是我们这一章需要分析的内容。

4.1 模型建立及基本假设

上一章中我们将图书的消费者划分为四大类,其中对于第四类消费者,这部分读者将电子图书和纸质图书两种形式的产品看作为互补品,对于这部分消费者来说,出版商所提供的产品形式当然为两种形式的产品,故这部分消费者所占市场份额的大小对本章所分析的内容影响不大,故本章不考虑第四类消费者的需求。本章将消费者可以划分为三大类:一类为纸质图书产品黏性的读者,这类读者由于各种各样的原因排斥使用电子图书这种新的产品形式,无论电子图书具有什么特征、功能如何强大,这类读者仍然钟情于纸质图书这种传统形式的产品;第二类消费者我们称其为混合类型读者,这类读者在选择时可能会选择纸质版形式也可能会选择电子版形式,他们的采购选择取决于其对电子图书和纸质图书的偏好以及这两种形式产品的价格,在这类消费者看来纸质图书和电子图书是一种替代品;第三类消费者为电子图书技术采用后所带来的新的市场需求,作为一种新技术,电子图书阅读器在积极提供同纸质图书同样的阅读体验的同时,还带来一些纸质图书所没有的功能,如快速检索、词典等等功能,这些新功能的采用可能会带来一些原本不喜爱图书的读者转而选择购买电子图书。

以下为本章中所使用的符号及其含义:

i:$i=p$ 或者 e,指图书的不同产品形式,p 为纸质图书,e 为电子图书;

c:指每生产一本纸质图书所需要花费的可变成本;

D_i:不同形式产品的市场需求;

p_i:纸质图书或电子图书的销售价格;

α:纸质图书黏性读者所占潜在市场需求的份额大小;

β:第三类消费者所占潜在市场需求的份额大小;

$1-\alpha-\beta$:为混合市场的份额,这部分市场中的消费者将电子图书和纸质图书看作是替代品,根据消费者偏好及产品的相对价格做出购买决策;

ξ_j:指消费者 j 相比于电子图书消费者对于纸质图书的偏好;

$f(.)$:ξ_j 的概率密度函数,服从平均分布,$U(a,b)$,$-1<a<0,0<b<1$。

$F(.)$:ξ_j 的概率分布函数。

本章采用了 Khouja 等的研究[①]的分析模型,我们假设读者是异质的,读者对于图书这种产品的价值估计是不同的,这里我们假设读者对于产品的价值估计与图书中的内容有关,而与产品的形式无关。假设 r 为消费者的价值估计,不失一般性,我们假设其服从 $(0,1)$ 的正态分布,潜在市场需求设为 1。如果产品的价格为 P,则产品的潜在需求为 $(1-P)$。如果产品以读者所期望的形式出现,则会带来有效需求,这意味着,如果读者偏好选择其中某一形式的图书,而图书正好以这种形式出现,则消费者并不会因此获利,但如果图书仅以另一种形式出现,则消费

---

① Khouja M, Park S, Cai G G. Channel selection and pricing in the presence of retail-captive consumers[J]. International Journal of Production Economics,2010,125(1):84-95.

者虽然可能会选购该图书,但消费者将会面临效用的损失。

本书与 Khouja 等的研究[①]的不同之处在于以下两点:(1) 本书中的市场份额增加了由于电子图书技术采用所带来的新的市场需求,这部分消费者为电子图书狂热追捧者,(2) 本书还进一步分析了电子图书的不同定价策略的对市场均衡的影响。

对于混合市场中的消费者而言,ξ_j 为相对于电子图书消费者 j 对于纸质图书的偏好,不失一般性,我们假设 ξ_j 服从 $U[a,b]$。当 $\xi_j>0$ 时,该消费者更倾向于选择纸质图书;$\xi_j<0$ 时,该消费者更偏爱电子图书形式;当 $\xi_j=0$ 时,该消费者对于两种形式的图书没有差异。同时,我们假设 $-1<a<0,0<b\leqslant 1$ 且 $b-a=1$。这意味着,(1) 在混合市场中,有部分读者更倾向于选择电子版图书,而另外部分读者更偏好于选择纸质版图书。(2) 读者选择了所钟爱的产品形式时其净效用值为 $r-p_i$,当没能选择所钟爱的产品形式时,该消费者将面临一定的效用损失,其损失值为该偏好值。对于混合市场,更偏爱与选择电子图书的市场份额为:$\theta=\int_a^0 f(x)\mathrm{d}x=\dfrac{-a}{b-a}=-a$。随着越来越多的读者接受电子图书,更偏爱于选择电子图书的人增加,在这里我们假设 θ 值增加,即此时我们也可以将 θ 看作是电子图书的接受程度,当电子图书刚刚进入市场时,读者对于这类图书的接受程度还不高,θ 值较小,随着喜爱电子图书的读者数量的增加,值 θ 也逐渐增加,当 $\theta\to 1$ 时,读者对电子图书的接受度如此之高,以至于纸质图书没有任何存在的必要了。

当电子图书出现以后,作为供应商的出版商可能面临的决策有以下三种:(1) 仅出版销售纸质形式的图书,(2) 仅出版销售电子形式的图书;(3) 同时出版纸质和电子版两种形式的图书,下面我们首先分析仅出版一种形式的图书时的定价决策。

4.2 仅出版一种形式图书时的定价决策

图书出版商可以选择仅仅出版一种形式的图书,纸质图书或者电子图书,由

---

① Khouja M, Park S, Cai G G. Channel selection and pricing in the presence of retail-captive consumers[J]. International Journal of Production Economics, 2010, 125(1): 84-95.

于混合市场的存在,不管出版何种形式的图书都会面临可能销售收入的损失,本节分别分析选择电子图书和纸质图书出版时的定价决策及利润损失。

4.2.1　出版商仅出版纸质图书时的定价决策

纸质图书黏性的消费者的市场需求为:

$$D_p = \begin{cases} \alpha(1-p_p) & \text{当 } 0 \leqslant p_p < 1 \\ 0 & \text{其他} \end{cases} \quad (4.1)$$

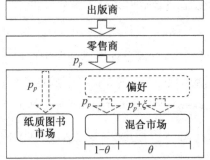

图 4-1　仅出售纸质图书时的市场划分

在混合市场中,由于出版商仅仅提供纸质图书的出版,对于混合市场中的消费者来讲,偏好于选择纸质图书的消费者,只要图书可以为读者带来的效用大于纸质图书的价格,消费者即选择购买该图书(对应于图 4-2 中的 A 部分);而对于偏好于选择电子图书的消费者,由于可供选择的图书形式只有纸质形式一种,消费者可能会选择购买纸质图书,但是由于其没能购买其最喜爱的电子图书形式,故该消费者将会承受着一定数量的效用损失(对应于图 4-2 中的 B 部分)。

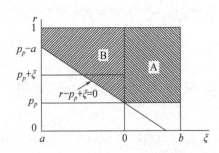

图 4-2　仅出售纸质图书时混合市场的有效需求划分

混合市场中的有效消费者需求为:

$$D_{ph} = \begin{cases} (1-\alpha-\beta)\left((1-\theta)(1-p_p) + \theta\left(1-p_p-\frac{\theta}{2}\right)\right) & \text{当 } 0 \leqslant p_p < 1 \\ 0 & \text{其他} \end{cases}$$

(4.2)

此时如果仅仅出售纸质版图书,则整个系统的利润函数为:

$$\pi_S^{(p,p)}(p_p) = (p_p - c)\left((1-\beta)(1-p_p) - \frac{\theta^2(1-\alpha-\beta)}{2}\right) \quad (4.3)$$

定理 4.1 当出版商仅仅出版纸质图书来满足市场的需求时,出版商对于纸质图书的定价为:

$$p_p^{(p,p)*} = \frac{1}{2}(1+c) - \frac{\theta^2(1-\alpha-\beta)}{4(1-\beta)} \quad (4.4)$$

上式根据公式(4.3)的一价函数得到,同时二价函数的值为负数。

$$\frac{\partial^2 \pi_S^{(p,p)}}{\partial p_p^2} = -2(1-\beta) < 0 \quad (4.5)$$

此时的整个供应链的最大利润为:

$$\pi_S^{(p,p)*} = \frac{1}{4}\left(1 - c - \frac{\theta^2(1-\alpha-\beta)}{2(1-\beta)}\right)^2 \quad (4.6)$$

由上可见:

$$p_p^{(p,p)*} < \frac{1}{2}(1+c) \quad (4.7)$$

推论 4.1 混合市场的存在使得纸质图书的价格低于不存在混合市场时该类型图书的价格,同时,纸质图书的价格随着消费者对电子图书接受度的增加而下降。

公式(4.7)表明纸质图书的价格低于不存在混合市场时的价格,这意味着由于出现了混合市场,消费者的选择存在多样性,这会给出版商带来降价压力,同时使得整个供应链系统的利润额降低。另外,还可以看出随着 θ 的增加,纸质图书的价格会逐渐下降,即随着越来越多的人喜爱电子图书,电子图书潜在的威胁将增大,使得即使仅仅提供纸质图书形式,纸质图书的价格较先前也会降低。

4.2.2 出版商仅出售电子图书时的定价决策

对于一些新开展电子图书业务的出版商来讲,有可能仅仅提供出版电子图书格式的情形,在此种情形下,出版商放弃了传统的纸质形式图书,转而开展电子图书的出版业务。对于纸质图书黏性的那部分消费者而言,由于其唯一钟爱的选择是传统纸质图书,故这部分客户的需求将得不到满足。而对于混合市场而言,消费者会根据其偏好和电子图书的价格做出是否购买电子图书的决策(见图4-3)。

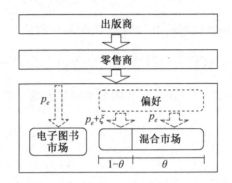

图4-3 当市场中只存在电子图书形式的产品时的市场需求

图4-4给出了仅出售电子图书时混合市场的有效需求划分。对于偏爱电子图书的消费者来说,其可以通过电子图书的购买来满足其需求,该市场需求份额为图4-4中的C部分;而对于偏爱纸质图书的消费者来说,其可能会选择电子图书作为纸质图书的替代品,但由于未能获得其最喜爱的产品形式,故该类消费者的效用会有一定程度损失,则混合市场中该部分的市场份额对应着图4-4中的D部分。

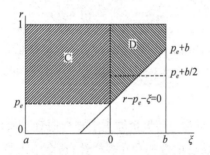

图4-4 仅销售电子图书时的混合市场的有效需求划分

当仅有电子图书销售时,混合市场的利润函数为:

$$\pi_H^{(E,E)} = p_e(1-\alpha-\beta)\left(1-p_e-\frac{b}{2}(1-\theta)\right) \quad (4.8)$$

整个电子图书市场的利润函数为:

$$\pi_S^{(E,E)} = p_e\left((1-\alpha)(1-p_e)-\frac{b}{2}(1-\theta)(1-\alpha-\beta)\right) \quad (4.9)$$

定理 4.2 当出版商仅仅出版电子图书来满足市场的需求时,出版商对于电子图书的定价为:

$$p_e^{(E,E)*} = \frac{1}{2} - \frac{(1-\theta)^2(1-\alpha-\beta)}{4(1-\alpha)} \quad (4.10)$$

此时出版商的最优利润值为:

$$\pi_S^{(E,E)*} = \frac{(1-\alpha)}{4}\left(1 - \frac{(1-\theta)^2(1-\alpha-\beta)}{2(1-\alpha)}\right)^2 \quad (4.11)$$

和上节分析结果类似,由式(4.10)也可以看出 $p_e^{(E,E)*} < \frac{1}{2}$,同理,由于存在混合市场,所以即使仅存在电子图书形式,电子图书的价格也会低于没有混合市场时的价格,即由于存在潜在市场需求的降低,故电子图书的价格会降低,从而使得系统的利润降低。

表 4-1 仅出版一种形式图书时的市场均衡价格

图书形式	均衡价格	系统利润最优值
纸质图书	$p_p^{(p,p)*} = \frac{1}{2}(1+c) - \frac{\theta^2(1-\alpha-\beta)}{4(1-\beta)}$	$\pi_S^{(p,p)*} = \frac{1}{4}\left(1-c-\frac{\theta^2(1-\alpha-\beta)}{2(1-\beta)}\right)^2$
电子图书	$p_e^{(E,E)*} = \frac{1}{2} - \frac{(1-\theta)^2(1-\alpha-\beta)}{4(1-\alpha)}$	$\pi_S^{(E,E)*} = \frac{(1-\alpha)}{4}\left(1-\frac{(1-\theta)^2(1-\alpha-\beta)}{2(1-\alpha)}\right)^2$

推论 4.2 虽然电子图书相比较于纸质图书存在成本优势,但仅仅出版电子图书获得的利润总额未必比仅仅出版纸质图书时高,只有当纸质图书的单位可变成本较高,同时消费者对电子图书的接受程度达到一定程度时,放弃纸质图书的出版而仅仅出版电子图书对于出版商来说才是一个合理的决策。

比较仅出版一种形式的图书时系统利润函数,可以发现虽然电子图书相比较纸质图书具有成本优势,但如果消费者存在纸质图书黏性时,放弃纸质图书的出版从而转而仅仅出版电子图书未必是一项合理决策,仅出版电子图书而放弃纸质图书的销售,不但会损失纸质图书黏性市场为出版商所带来的利润值,同时还会因为消费者的偏好存在差异而损失部分混合市场中的消费者所带来的销售收入。

若 $\alpha = 0$,即若不存在纸质图书黏性消费者,此时选择出版纸质图书和电子图书两种情形下的系统利润分别为:

$$\pi_S^{(p,p)*} = \frac{1}{4}\left(1 - \frac{(1-\theta)^2(1-\beta)}{2}\right)^2 \quad (4.12)$$

$$\pi_S^{(E,E)*} = \frac{1}{4}\left(1-c-\frac{\theta^2}{2}\right)^2 \qquad (4.13)$$

当 $0<c<\dfrac{\beta(1-\theta)^2+1-2\theta}{2}$ 时，$\pi_S^{(p,p)*}>\pi_S^{(E,E)*}$，即当电子图书相对于纸质图书的成本优势不大，同时电子图书和纸质图书之间的替代性也不高时，选择仅出版纸质图书比选择仅出版电子图书的系统利润要高，故即使不存在消费者纸质图书黏性，出版商完全放弃纸质图书的出版也未必是一个较好的决策。只有当纸质图书黏性消费者比重较小，电子图书相比较纸质图书具有较大的成本优势，同时两种形式的图书的替代性较高时，放弃纸质图书转而仅仅出版电子图书对于系统来说才会是利润额较高的决策。

因此出版商在进行图书的出版形式选择时，需考虑的因素除电子图书相比较于纸质图书带来的成本优势外，还有消费者是否存在纸质图书黏性、纸质图书黏性消费者所占的市场比重、消费者对电子图书的接受程度和两种形式的图书之间的替代性大小等因素，放弃纸质图书的出版而仅出版电子图书对于出版商来说未必是个较优决策。

4.3 出版两种形式图书时的定价决策分析

当出版商决定出版两种形式的产品以满足市场需求，对于纸质图书黏性的读者，其需求可以由纸质图书来满足，而对于混合市场的需求，将由读者的偏好以及两种形式图书的价格来决定不同形式产品的市场需求量，见图4-5。

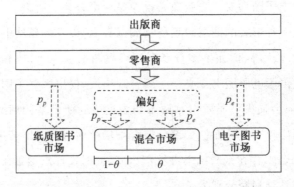

图4-5 当存在两种形式图书时的市场划分

如果出版商决定采取两种形式的图书以满足消费者的需求,需要进一步考虑的问题是如何定价,电子图书和纸质图书不同价格以及读者的需求偏好将决定读者的购买决策。在混合市场中,某一钟爱纸质图书的消费者,是否选择纸质图书取决于电子图书和纸质图书的相对价格以及如果选择电子图书可能带来的效用损失:若 $r_i - p_p > r_i - p_e - \xi_i^+$ 且 $r_i - p_p > 0$ 时,则该读者选择纸质图书;相反,若 $r_i - p_p < r_i - p_e - \xi_i^+$,且 $r_i - p_e - \xi_i^+ > 0$ 时,则此钟爱于纸质图书的消费者最终将选择电子图书。当 $r_i - p_p = r_i - p_e - \xi_i^+$ 时,读者对于两种选择的结果没有差异,假设读者将随机做出购买决策。同样,对于钟爱电子图书的消费者 j 来讲,最终也可能将选择购买纸质图书,如果 $r_j - p_p + \xi_j^- > r_j - p_e$,且 $r_j - p_p + \xi_j^- > 0$ 成立。

对于电子图书的定价,本章分析电子图书的以下三种定价模式:

(1) 高价模式,在此模式下电子图书的价格高于纸质图书的价格很多,对于偏爱选择电子图书的消费者来说,由于未能选择喜爱的电子形式所带来的效用损失可以由其所带来的采购成本的节约所抵消,故所有的混合有效市场需求完全由纸质图书来满足;

(2) 中间价模式,在此模式下电子图书的价格可能高于也可能低于纸质图书,混合市场由电子图书和纸质图书共同来满足;

(3) 低价模式,在此模式下电子图书相比较于纸质图书有较强的价格优势,此时混合市场由于电子图书的价格优势完全由电子图书来满足其需求。

4.3.1 高价模式下的电子图书定价策略

高价模式下,电子图书不具有价格优势,价格高于纸质图书很多,对于偏爱选择电子图书的消费者来说,由于未能选择喜爱的电子形式所带来的效用损失可以由选择纸质图书所带来的采购成本的节约所抵消,故所有的有效市场需求完全由纸质图书来满足。

当 $p_p - p_e \leqslant a$ 时,混合市场的有效需求全部为纸质图书的市场需求,此时虽然存在两种形式的图书,但由于电子图书的价格过高,使得混合市场中的图书需求由纸质图书来满足,而第三类市场需求则由电子图书来满足,此时系统的利润额为:

$$\pi_S^{(H,D)} = (1-\beta)(1-p_p)(p_p - c) + \beta(1-p_e)p_e \tag{4.14}$$

此时,$p_e \geqslant p_p - a, c \leqslant p_p \leqslant 1, 0 \leqslant p_e \leqslant 1$。

定理 4.3 当出版商决定出版两种图书形式用于满足市场的需求,同时对于电子图书采用高价模式时,为了使出版商利润最大化,其电子图书和纸质图书的定价分别为:

$$p_e^{(H,D)*} = \frac{1}{2} + \frac{(1-\beta)(c-2a)}{2} \tag{4.15}$$

$$p_p^{(H,D)*} = \frac{1+2a}{2} + \frac{(1-\beta)(c-2a)}{2} \tag{4.16}$$

4.3.2 中间价模式下的电子图书定价策略分析

在此模式下,电子图书和纸质图书的价格之差维持在一定范围内,此时 $a < p_p - p_e < b$,混合市场由电子图书和纸质图书共同瓜分市场。此时由于读者的不同偏好,电子图书价格可能低于纸质图书价格,也可能高于或等于纸质图书的销售价格。按照电子图书的价格是否低于纸质图书的价格,本节将中间价模式分为两个情形:电子图书的价格高于或等于纸质图书价格的情形一和电子图书的价格低于纸质图书的价格的情形二。

情形一:当 $a < p_p - p_e \leqslant 0$,电子图书的价格虽然高于或等于纸质图书的价格,但由于部分读者更加偏爱于选择电子图书,所以混合市场中仍有部分读者选择使用电子图书。图 4-6 给出了此情形下的混合市场需求的划分情况,其中 A 区域中的消费者选择购买电子图书,B 区域中的消费者选择购买纸质图书。

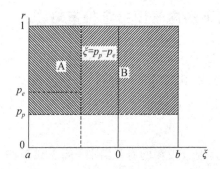

图 4-6 当 $a < p_p - p_e \leqslant 0$ 时混合市场的需求划分

此时混合市场中的利润函数为:

$$\pi_H^{(M,D)} = (1-\alpha-\beta)[(1-p_e)(p_p-p_e-a)p_e + (b-p_p+p_e)(1-p_p)(p_p-c)] \tag{4.17}$$

此时,限制条件为 $p_p \leqslant p_e < p_p - a$。

推论 4.3 由于电子图书成本优势和混合市场和新增市场的存在,对于出版商来说,出版两种形式图书所带来的利润额要高于仅仅出售纸质图书所带来的利润额。

证明如下:

当 $p_e = p_p$ 时,即如果设定纸质图书和电子图书为同一价格,混合市场所带来的利润值为:

$$\pi_H^{(M,D)1} = (1-\alpha-\beta)[(1-p_p)(-ap_p-(1+a)c)] \quad (4.18)$$

纸质图书黏性市场和混合市场所带来利润之和为:

$$\pi_S^{(M,D)1} = (1-\alpha-\beta)[(1-p_p)(-ap_p)+b(1-p_p)(p_p-c)] + \alpha(1-p_p)(p_p-c) \quad (4.19)$$

因 $\pi_S^{(M,D)1} > (1-\alpha-\beta)[(1-p_p)(-a(p_p-c))+b(1-p_p)(p_p-c)] + \alpha(1-p_p)(p_p-c)$,则以下不等式成立:

$$\pi_S^{(M,D)1} > (1-\beta)(1-p_p)(p_p-c) \quad (4.20)$$

又因 $(1-\beta)(1-p_p)(p_p-c) > (1-\beta)\left(1-p_p-\dfrac{a^2(1-\alpha-\beta)}{2(1-\beta)}\right)(p_p-c)$,则:$\pi_S^{(M,D)1} > \pi_S^{(P,P)*}$。

证毕。

即当电子图书和纸质图书设置为同一价格水平时的系统利润额大于只有纸质图书存在时的系统利润额,这里的原因有两个,一是由电子图书的成本优势带来的,二是由电子图书新增市场需求所带来的。故从系统最优角度考虑,由于电子图书存在成本优势,同时由于电子图书的出现所带来的新增市场需求的存在,故在产品形式选择时,出版商选择出版两种形式的图书比仅仅出版纸质图书所带来的利润额要大。故对于出版商来讲,尽早进入电子图书市场时将是其较优的决策选择。

情形二:电子图书的价格低于纸质图书的价格,但混合市场仍由电子图书和纸质图书共同来满足其需求。

图 4-7 给出了情形二中的混合市场划分情况,此时的电子图书低于纸质图书的价格,相比较于纸质图书,电子图书具有价格优势,但这种价格优势还不能获取混合市场中所有的有效需求,由于消费者的偏好不同,仍然有部分混合市场中的消费者选择购买纸质图书,其中 A 区域中的消费者选择购买电子图书,而 B 区域

中的消费者选择购买纸质图书。

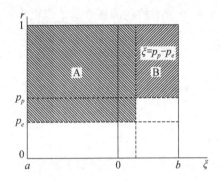

图 4-7 当 $0 < p_p - p_e \leqslant b$ 时的混合市场需求划分

此时混合市场为系统带来的利润函数为：

$$\pi_H^{(M,D)} = (1-\alpha-\beta)[(1-p_e)(p_p-p_e-a)p_e + (b-p_p+p_e)(1-p_p)(p_p-c)] \tag{4.21}$$

此时 $p_p - b \leqslant p_e < p_p$。

考虑到纸质图书黏性消费者和电子图书技术新增市场需求，则采用中间价定价策略时的出版商的利润函数为：

$$\pi_S^{(M,D)} = (1-\alpha-\beta)[(1-p_e)(p_p-p_e-a)p_e + (b-p_p+p_e)(1-p_p)(p_p-c)] + \alpha(1-p_p)(p_p-c) + \beta(1-p_e)p_e \tag{4.22}$$

s.t. $p_p - b \leqslant p_e < p_p - a$。

若设在混合市场中的有效需求中的电子图书所占份额大小为：

$$\varphi = p_p - p_e - a$$

则采用中间价定价策略时的系统利润函数为：

$$\pi_S^{(M,D)} = (1-\alpha-\beta)[\varphi(1-p_e)p_e + (1-\varphi)(1-p_p)(p_p-c)] + \alpha(1-p_p)(p_p-c) + \beta(1-p_e)p_e \tag{4.23}$$

此时参数满足 $p_p - b \leqslant p_e < p_p - a$，同时，$c \leqslant p_p \leqslant 1, 0 \leqslant p_e \leqslant 1$。

对于该问题的解，没有直接的解析解形式，故可以采用算例及数值分析来搜索其可能解形式进而进行分析，下一节将对该问题进行算例分析。

4.3.3 低价模式下电子图书的定价决策

当 $p_p - p_e \geqslant b$ 时，电子图书相比较于纸质图书有较强的价格优势，此时对于混合市场中偏好于选择纸质图书的消费者来说,电子形式由于不是其最喜爱的形式,但由于电子图书极高的价格优势,未能选择纸质图书所带来效用的损失由电子图书带来的成本节约所弥补,这类消费者最终也选择购买了电子版形式的图书。对纸质图书存在黏性的消费者则仍然由纸质图书来满足。

系统的利润函数为:

$$\pi_S^{(L,D)} = \alpha(1-p_p)(p_p-c) + (1-\alpha)(1-p_e)p_e \qquad (4.24)$$

s.t. $p_p - p_e \geqslant b$。

定理 4.4 当 $2b \leqslant c$ 时,出版商决定出版两种图书形式用于满足市场的需求,同时对于电子图书采用低价模式时,为使利润最大化的电子图书和纸质图书的定价分别为:

$$p_p^{(L,D)^*} = \frac{1}{2}(1+c) \qquad (4.25)$$

$$p_e^{(L,D)^*} = \frac{1}{2} \qquad (4.26)$$

同时该低价策略也为出版商的最优定价策略。

证明如下:

设 $(p_p^{(H,D)^*}, p_e^{(H,D)^*})$、$(p_p^{(M,D)^*}, p_e^{(M,D)^*})$、$(p_p^{(L,D)^*}, p_e^{(L,D)^*})$ 分别为出版商采用高价、中间价及低价策略时的纸质图书和电子图书的最优价格,高价及中间价策略下的利润函数最优值为:

$$\pi_S^{(H,D)^*} = (1-\beta)(1-p_p^{(H,D)^*})(p_p^{(H,D)^*}-c) + \beta(1-p_e^{(H,D)^*})p_e^{(H,D)^*}$$

$$\pi_S^{(M,D)} = (1-\alpha-\beta)[\varphi(1-p_e)p_e + (1-\varphi)(1-p_p)(p_p-c)] + \alpha(1-p_p)(p_p-c) + \beta(1-p_e)p_e$$

由于 $2b \leqslant c$,则

$$\pi_S^{(H,D)^*} < (1-\beta)\left(1-\frac{1+c}{2}\right)\left(\frac{1+c}{2}-c\right) + \beta\left(1-\frac{1}{2}\right)\frac{1}{2}$$

$$\pi_S^{(M,D)^*} < (1-\alpha-\beta)\left(\varphi\left(1-\frac{1}{2}\right)\frac{1}{2} + (1-\varphi)\left(1-\frac{1+c}{2}\right)\left(\frac{1+c}{2}-c\right)\right) + \alpha\left(1-\frac{1+c}{2}\right)\left(\frac{1+c}{2}-c\right) + \beta\left(1-\frac{1}{2}\right)\frac{1}{2}$$

由于 $(1-p_e)p_e > (1-p_p)(p_p-c)$,即

$$\left(1-\frac{1}{2}\right)\frac{1}{2} > \left(1-\frac{1+c}{2}\right)\left(\frac{1+c}{2}-c\right)$$

故

$$\pi_S^{(H,D)^*} < \pi_S^{(L,D^*)} = \alpha\left(1-\frac{1+c}{2}\right)\left(\frac{1+c}{2}-c\right)+(1-\alpha)\left(1-\frac{1}{2}\right)\frac{1}{2}$$

$$\pi_S^{(M,D)^*} < \pi_S^{(L,D^*)} = \alpha\left(1-\frac{1+c}{2}\right)\left(\frac{1+c}{2}-c\right)+(1-\alpha)\left(1-\frac{1}{2}\right)\frac{1}{2}$$

证毕。

此时出版商最佳利润额为：

$$\pi_S^{(L,D)^*} = \frac{\alpha(1-c)^2}{4}+\frac{(1-\alpha)}{4} \tag{4.27}$$

且其为整个供应链函数的最优值。也就是说，如果纸质图书的单位成本较大的话，对于喜爱电子图书的读者来讲，选择纸质图书所带来的效用的损失足够小，此时也是电子图书进入市场后，读者对于电子书的接受程度较高。对于供应链来讲，电子图书和纸质图书的价格可分别独立定价，此时电子图书的价格将处于相对较低的水平，可以达到供应链利润最大化的目标。另外，此时我们发现选择出版商两种形式的图书所带来的利润额要比仅选择出版电子图书所带来系统利润额高，这是由于纸质图书黏性消费者存在及电子图书所带来的成本节约的原因。

定理 4.4 当 $0 \leqslant c \leqslant 2b$ 时，出版商决定出版两种图书形式用于满足市场的需求，同时对于电子图书采用低价模式时，为使利润最大化的电子图书和纸质图书的定价分别为：

$$p_e^{(L,D)^*} = \frac{1}{2}-\frac{\alpha(2b-c)}{2} \tag{4.28}$$

$$p_p^{(L,D)^*} = \frac{1}{2}-\frac{\alpha(2b-c)}{2}+b \tag{4.29}$$

此时利润的最大值为：

$$\pi_S^{(L,D)^*} = \frac{\alpha^2(1-c)^2+(1-\alpha)^2+2\alpha(1-\alpha)(1-c+2bc-2b^2)}{4} \tag{4.30}$$

即当电子图书相对于纸质图书来讲，其低成本优势不是特别显著，同时消费者对于电子图书的接受水平还不高时，若电子图书采用低价策略，则电子图书的价格将较独立定价决策时要低，而纸质图书的价格则设定在高于独立定价时的水平，此价格水平为使得混合市场中的消费者放弃纸质图书从而选择电子图书时所需要的最低价格。

推论 4.4 当出版商决定出版两种形式的图书用以满足市场需求时,对于电子图书采用低价策略比采用高价和中间价策略所带来的利润额高。

证明如下:

低价策略下的系统利润函数为:

$$\pi_S^{(L,D)} = \alpha(1-p_p)(p_p-c) + (1-\alpha-\beta)(1-p_e)p_e + \beta(1-p_e)p_e$$

高价策略下的系统利润函数为:

$$\pi_S^{(H,D)} = \alpha(1-p_p)(p_p-c) + (1-\alpha-\beta)(1-p_p)(p_p-c) + \beta(1-p_e)p_e$$

由于 $(1-p_e)p_e > (1-p_p)(p_p-c)$,则 $\pi_S^{(L,D)} > \pi_S^{(H,D)}$。

中间价策略下的系统利润函数为:

$$\pi_S^{(M,D)} = (1-\alpha-\beta)[\varphi(1-p_e)p_e + (1-\varphi)(1-p_p)(p_p-c)] + \alpha(1-p_p)(p_p-c) + \beta(1-p_e)p_e$$

由于 $(1-p_e)p_e > (1-p_p)(p_p-c)$,则:

$$\pi_S^{(M,D)} < (1-\alpha-\beta)[\varphi(1-p_e)p_e + (1-\varphi)(1-p_e)p_e] + \alpha(1-p_p)(p_p-c) + \beta(1-p_e)p_e$$

即:

$$\pi_S^{(M,D)} < (1-\alpha-\beta)(1-p_e)p_e + \alpha(1-p_p)(p_p-c) + \beta(1-p_e)p_e$$

整理为:

$$\pi_S^{(M,D)} < (1-\alpha)(1-p_e)p_e + \alpha(1-p_p)(p_p-c)$$

故 $\pi_S^{(L,D)} > \pi_S^{(M,D)}$。

证毕。

表 4-2 出版两种形式图书时的定价策略分析

策略	$2b \leqslant c$	$0 \leqslant c \leqslant 2b$
高价	$p_p^{(H,D)*} = \dfrac{1+2a}{2} + \dfrac{(1-\beta)(c-2a)}{2}$ $p_e^{(H,D)*} = \dfrac{1}{2} + \dfrac{(1-\beta)(c-2a)}{2}$	$p_p^{(H,D)*} = \dfrac{1+2a}{2} + \dfrac{(1-\beta)(c-2a)}{2}$ $p_e^{(H,D)*} = \dfrac{1}{2} + \dfrac{(1-\beta)(c-2a)}{2}$
中间价	根据参数进行计算	根据参数进行计算
低价	$p_p^{(L,D)*} = \dfrac{1}{2}(1+c)$ $p_e^{(L,D)*} = \dfrac{1}{2}$	$p_p^{(L,D)*} = \dfrac{1}{2} - \dfrac{\alpha(2b-c)}{2} + b$ $p_e^{(L,D)*} = \dfrac{1}{2} - \dfrac{\alpha(2b-c)}{2}$
最优	低价策略	低价策略

由此可见，对于出版商来讲，对电子图书采用低价的定价策略所带来的系统利润额要高于电子图书的高价策略或中间价策略带来的利润额，故高价和中间价策略是出版商不可能会选择的定价策略。出版商之所以会选择低价策略的原因如下：因为电子图书的具有较高的成本优势，故当可以用两种形式产品来满足市场需求时，使用电子图书来满足混合市场的需求会比使用纸质图书来满足市场需求带来更低的成本，即成本优势的存在使得出版商选择以电子图书来满足混合市场需求，而非纸质图书。

当纸质图书黏性的消费者存在时，选择出版两种形式的图书要比仅出版电子形式的图书的系统利润大，故对于出版商来讲，出版商应该选择出版两种形式的图书，即出版商不应该放弃纸质图书的出版业务。

表4-3给出了出版商的不同产品形式选择策略所带来的利润函数值的表达式，根据以上的分析，可以发现由于电子图书具有成本优势，故对于出版商来说进入电子图书市场的时间越早越好，但放弃纸质图书的决策即仅出版电子版图书相比较于仅出版纸质图书的决定为出版商带来的利润额未必更高，在纸质图书消费者存在黏性时，选择出版两种形式的图书对于出版商来说是较为合理的一项产品形式选择策略，换句话说，由于消费者异质性的存在，选择销售两种形式的图书可以帮助提高市场覆盖率，从而为出版商带来更多利润。

表4-3 不同产品策略选择下的价格及利润比较

图书形式		均衡价格	系统利润最优值
纸质图书		$p_p^{(p,p)*} = \frac{1}{2}(1+c) - \frac{\theta^2(1-\alpha-\beta)}{4(1-\beta)}$	$\pi_S^{(p,p)*} = \frac{1}{4}\left(1-c-\frac{\theta^2(1-\alpha-\beta)}{2(1-\beta)}\right)^2$
电子图书		$p_e^{(E,E)*} = \frac{1}{2} - \frac{(1-\theta)^2(1-\alpha-\beta)}{4(1-\alpha)}$	$\pi_S^{(E,E)*} = \frac{(1-\alpha)}{4}\left(1-\frac{(1-\theta)^2(1-\alpha-\beta)}{2(1-\alpha)}\right)^2$
纸质图书和电子图书	$2b \leq c$	$p_p^{(L,D)*} = \frac{1}{2}(1+c)$ $p_e^{(L,D)*} = \frac{1}{2}$	$\pi_S^{(L,D)*} = \frac{\alpha(1-c)^2}{4} + \frac{(1-\alpha)}{4}$
	$0 \leq c \leq 2b$	$p_p^{(L,D)*} = \frac{1}{2} - \frac{\alpha(2b-c)}{2} + b$ $p_e^{(L,D)*} = \frac{1}{2} - \frac{\alpha(2b-c)}{2}$	$\pi_S^{(L,D)*} = \frac{\alpha^2(1-c)^2 + (1-\alpha)^2 + 2\alpha(1-\alpha)(1-c+2bc-2b^2)}{4}$

4.4 算例分析

为了更好地对出版商的产品策略选择和电子图书的定价策略进行分析,本章采用算例对以上问题进一步进行分析。本节我们首先分析出版商的产品选择策略,然后分析两种形式图书共同销售时的定价策略选择。

4.4.1 出版商仅出版一种形式图书时的决策分析

出版商在进行产品形式选择时,需考虑纸质图书黏性消费者比例、电子图书所带来的新增潜在市场需求大小,纸质图书的可变成本以及读者对于电子图书的接受程度,参数不同的取值,出版纸质图书和电子图书所带来的利润额也不同。

在不考虑电子图书这种新技术所带来的新的市场需求下,即 $\beta = 0$,在以上我们所分析的仅出售其中一种形式图书时的利润最优值见表4-4。

通过表4-4我们可以看出,虽然电子图书较纸质图书具有成本优势,但由于受电子图书的接受度以及纸质图书黏性消费者所占份额大小的影响,仅出版电子图书未必比仅出版纸质图书给出版商带来的利润额要大,故对于放弃纸质图书的出版转而仅仅出版电子图书的决策对于供应链系统来说未必是较好的决策。只有当出版纸质图书的单位成本较高,同时消费者对电子图书的接受程度达到一定高度时,放弃纸质图书的出版而仅仅出版电子图书才是一个较优决策。

表4-4 仅出版一种形式图书时的利润最优值

c	α	θ	$\pi_S^{(P,P)*}$	$\pi_S^{(E,E)*}$	比较
0.3	0.5	0.5	0.1016	0.0957	$\pi_S^{(P,P)*} > \pi_S^{(E,E)*}$
0.5	0.5	0.5	0.0479	0.0957	$\pi_S^{(P,P)*} < \pi_S^{(E,E)*}$

图4-8给出了出版商的利润额随电子图书接受度的增加而变化的趋势图,其中相应的参数设置为 $\alpha = 0.2$、$\beta = 0.2$、$c = 0.3$。通过图4-8可以看出,随着读者对电子图书的接受度的增加,仅出版电子图书的决策给出版商带来的利润也会增加,而仅出版纸质图书的决策给出版商带来的利润会逐渐降低,在某一特定 θ 时,此两种决策给出版商带来的利润函数值相等。故在产品形式决策时,出版商还需要考虑消费者对电子图书这种新事物的接受程度的高低。

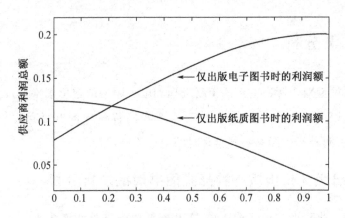

图 4-8　利润额随电子图书的接受度增加而变化的趋势图

4.4.2　电子图书定价策略选择

如果选择同时出版纸质图书和电子图书,则需要进一步对两种不同形式的图书价格进行决策,不同价格的选择,市场的划分不同。本节用算例分析高价、中间价和低价策略的不同选择所带来的系统的不同利润值。

表 4-5　不同定价策略下的系统利润值

c	α	β	b	$\pi_S^{(H,D)*}$	$\pi_S^{(M,D)*}$	$\pi_S^{(L,D)*}$	比较
0.2	0.2	0.2	0.2	0.048 4	0.198 2	0.229 4	$\pi_S^{(L,D)*} > \pi_S^{(M,D)*} > \pi_S^{(H,D)*}$
0.25	0.2	0.2	0.2	0.025 6	0.196 3	0.226 7	$\pi_S^{(L,D)*} > \pi_S^{(M,D)*} > \pi_S^{(H,D)*}$
0.3	0.2	0.2	0.2	0.003 6	0.194 4	0.223 9	$\pi_S^{(L,D)*} > \pi_S^{(M,D)*} > \pi_S^{(H,D)*}$

表 4-4 给出了当纸质图书的单位成本较低,同时市场对电子图书的接受度较高时的出版商的利润最优值,此时对于出版商来说采用不同的定价策略下的利润额也不同。具体出版商的利润额根据市场需求的不同分布、电子图书的接受程度和纸质图书的单位成本等参数来确定。但从我们这里数值运算的结果来看,和我们前面分析的结论相同,当出版商在采取低价策略时利润额较高。

其中对电子图书采用中间价策略时的利润额最优值的确定是根据参数的设置分别进行数值分析获取的,根据上面的结果,我们可以看出对于电子图书采用高价或中间价的策略对整个供应链来讲不是一个好的决策,系统的利润额总是相对较低,故在电子图书的实际定价中,将电子图书的价格设定在高出纸质图书价格很多的情形并不常见。但由于消费者的不同偏好,对于电子图书特别偏爱的消费者仍然可以接受电子图书高于纸质图书的情况，这就是为什么有调查发现，在日本的电子图书销售中，有部分电子图书的价格甚至高于纸质图书的原因之一。但除了考虑弥补电子图书的开发过程中产生的巨额成本外，将电子图书设置在相对较高的价格水平对于出版商来说并不是一项合理的决策。从电子图书和纸质图书的销售所带来的利润总额角度出发，将电子图书和纸质图书的价格设定在一个相对合适的水平，将是较优的一项决策结果。电子图书的价格应该设在一个足够低和足够高的水平上，此价格水平为使得混合市场中的消费者放弃纸质图书从而选择电子图书时所需要的最低价格中的最高值。

4.5 本章小结

本章通过对纸质图书和电子图书之间的价格竞争对出版商的产品选择策略进行了分析，研究发现，对于出版商来说，盲目地放弃纸质图书的出版，转而仅仅出版电子图书的决策未必为一个合理决策，影响出版商产品出版形式决策的因素很多，要综合考虑各因素，而进入电子图书市场的决策应该制定的越早越好。另外，选择出版两种形式图书时还需要根据需求进一步确定二者的价格，具体来说本章主要结论如下：

（1）影响出版商产品策略选择的因素除纸质图书黏性的消费者市场份额大小外，还需要考虑电子图书的接受程度、电子图书和纸质图书之间的替代性大小以及电子图书较纸质图书的成本优势大小；只有当纸质图书的单位可变成本较高，同时读者对于电子图书的接受度较高时，放弃纸质图书的出版而仅仅出版电子图书才可能为一个合理决策。

（2）由于电子图书较传统纸质图书具有成本优势，即使读者对于电子图书的接受度还相对较低，电子图书技术带来的新增消费需求的存在，以及电子图书在部分读者那儿存在替代性，故对于出版商来说，开展电子图书出版业务的时间及进入电子图书市场的时间越早越好。

（3）当存在纸质图书黏性的消费者时，选择同时出版纸质图书和电子图书对于整个供应链系统来讲比仅选择出版其中的一种产品所带来的系统利润要高，也就是说当目标市场消费者种类较多时，增加销售渠道可以增加目标市场的覆盖度，从而带来利润的增加。

(4) 当决定同时出版两种形式的图书时,由于消费者的不同偏好,所以即使在纸质图书和电子图书采用同一价格,仍然有读者选择电子图书,但电子图书价格高于纸质图书的情形并不常见,为了获取系统的利润最大化,纸质图书和电子图书的价格之差应该维持在一定范围内;同时对于电子图书采用低价策略往往可以给出版商带来更高的利润额。

总之,在图书出版过程中,电子图书的出现的确给纸质图书的销售带来了不少竞争压力,但是否要放弃纸质图书的出版转而仅仅出版电子图书对出版商来说还是需要慎重考虑仔细斟酌的事情。

第五章 电子图书定价及出版商和零售商合作模式分析

上一章我们分析了电子图书的定价策略以及出版商的产品形式选择策略，解决了如何定价的问题，这一章我们将分析谁来定价的问题，出版商和零售商定价有何不同结果。随着电子图书越来越受到欢迎，电子图书如何定价以及电子图书供应链中的各成员间如何合作也是亟待解决的新问题。

为了鼓励读者选择使用电子图书，亚马逊不仅将电子图书阅读器的价格设置在相对比较低的水平上，还将通过其平台购买的电子图书的价格也设置在比较低的价位，这种举措引起了其他图书出版商的不满，担心电子图书的定价过低会导致更多的人选择购买电子图书，而使得纸质图书的销售遇冷。为了迫使亚马逊提高其电子图书的定价，HarperCollins 出版社和其他五个大型出版社与苹果公司达成了一项新的定价模式——代理定价模式。在代理模式实施后不久，通过苹果的图书销售平台销售的电子图书价格上升。

在传统的纸质图书销售过程中，基于批发价下的回购契约是广泛采用的模式，而代理定价模式还是一个全新的合作模式。在代理定价模式下，出版商制定图书的价格，图书零售商负责图书的销售，图书销售后电子图书销售商获取 30% 的收入，图书出版商获取 70% 的收入。电子图书销售的这种销售模式在这儿称为代理模式，实际上类似于收入共享契约。在图书销售中，如果纸质图书和电子图书共存时，传统的批发价模式和代理定价模式有何不同，这是需要详细分析的问题。但现在的研究文献中对这两种模式进行分析的研究文献还较少，本章试图分析一下在代理定价模式下电子图书和纸质图书销售的情况，以及定价对供应链协调的影响。本章试图解答以下问题：

(1) 在代理定价下的电子图书的价格是不是一定会高于传统批发价模式下的价格？

(2) 在代理模式下出版商是不是比在传统批发价模式下获取更多的利润？代

理定价模式是否为整条供应链带来利润的增加?

（3）两种不同模式的图书之间的替代性是否会影响到均衡的结果?其他因素如读者的偏好、电子图书零售商的归属权是否会影响均衡的结果?

5.1 基本模型及条件假设

为了更好地分析在整个系统中的价格竞争,我们采用如下的消费者效用函数。

$$U \equiv \sum_{i=1,2}\left(A_i D_i - \frac{D_i^2}{2}\right) - \theta D_1 D_2 - \sum_{i=1,2} p_i D_i \qquad (5.1)$$

其中 $\theta(0 \leqslant \theta \leqslant 1)$ 代表着两种形式图书之间的替代性,当 $\theta = 0$ 时,这两种形式的图书是相互独立的,当 θ 的值趋于 1 时,这两种形式的图书在消费者看来可以相互替代,总的市场需求随着图书之间的替代性将降低。这两种产品的市场需求分别为:

$$D_i = \frac{A_i - \theta A_{3-i} - p_i + \theta p_{3-i}}{1 - \theta^2}, \qquad i = 1,2 \qquad (5.2)$$

其中符号的含义如下：

i: $i = 1$ 时是指纸质图书, $i = 2$ 时为电子图书；

D_i: 纸质图书或者电子图书的实际需求；

p_i: 纸质图书或者电子图书的零售价格；

A_i: 纸质图书或者电子图书的潜在市场规模；

θ: 纸质图书和电子图书之间的替代性。

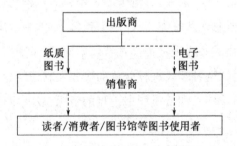

图 5-1 两种形式图书供应链共存时的销售渠道

当市场上只有纸质图书存在时,纸质图书的市场需求如下:

$$D_1 = \frac{A_1 - \theta A_2 - p_1}{1 - \theta^2} \tag{5.3}$$

为了得到最优的利润额,零售商根据其利润函数的一阶条件来制定纸质图书的价格。此时纸质图书零售商的利润函数如下:

$$\pi_R(p_1) = \frac{(A_1 - \theta A_2 - p_1)(p_1 - w_1)}{1 - \theta^2} \tag{5.4}$$

根据利润函数的一阶条件可以得出使得利润函数最大化的价格如下:

$$p_1^* = \frac{A_1 - \theta A_2 + w_1}{2} \tag{5.5}$$

由于 $p_1 > w_1 > c$,其中 c 为纸质图书的单位生产成本,我们可以得出如下的限制条件:$A_1 - \theta A_2 - c > 0$。

不失一般性,在这里我们分析的问题为出版商为 Stackelberg 领导者的决策博弈模型,出版商作为领导者首先宣布纸质图书的批发价格,零售商制定纸质图书的零售价格,电子图书的定价权归属于出版商或者零售商,在传统的批发价模式下,电子图书的定价权归属于零售商,在代理模式下电子图书的定价权在出版商。

5.2 代理模式和批发模式下的图书价格均衡分析

5.2.1 代理模式下的图书价格均衡分析

在电子图书的代理模式下,出版商将电子图书在零售商处销售,出版商会根据电子图书和纸质图书的销售来制定纸质图书的批发价格以及电子图书的零售价格,纸质图书零售商制定纸质图书的零售价格,电子图书零售商与出版商进行协商决定电子图书销售后的收入分配比例关系,如在亚马逊和出版商制定的代理合同下,出版商可以获取电子图书收入的 70%;而在汉王书城与出版商的协议中,出版商则获取电子图书实际收入的 80%。我们假设 α 为电子图书销售后的电子图书收入中留给出版商的比例,比如说可以是 70% 或者 80% 等,我们假设这个数值的确定取决于出版商和零售商的谈判能力。

此时对于零售商来讲,零售商的利润函数如下:

$$\pi_R^A(p_1) = \frac{(A_1 - \theta A_2 - p_1 + \theta p_2)(p_1 - w_1)}{1 - \theta^2} + \frac{(A_2 - \theta A_1 - p_2 + \theta p_1)(1 - \alpha)p_2}{1 - \theta^2} \tag{5.6}$$

根据零售商的利润函数我们可以得出纸质图书的零售价格：

$$\frac{\partial^2 \pi_R^A}{\partial p_1^2} = -\frac{2}{1 - \theta^2} < 0 \tag{5.7}$$

$$p_1^{A*} = \frac{w_1 + A_1 - \theta A_2 + \theta p_2 (2 - \alpha)}{2} \tag{5.8}$$

电子图书的成本结构和软件产品的结构类似,其主要的成本来源于开发制作过程中产生的成本和费用,主要包括：设备费用、软件费用、资源使用费用、人力费用和资金成本等[①],电子图书开发制作完成后,开发成本就固定了,销售过程中产生的可变成本几乎可以忽略。本书中 F 指图书的开发成本,此时我们认为纸质图书和电子图书在销售前都会产生开发费用,F 为开发和制作纸质图书和电子图书所需要支付的开发制作成本。

此时出版商的利润函数如下：

$$\pi_P^A(w_1, p_2) = \frac{\left(A_1 - \theta A_2 - \frac{1}{2}(w_1 + A_1 - \theta A_2 + \theta p_2 (2 - \alpha)) + \theta p_2\right)(w_1 - c)}{1 - \theta^2} +$$

$$\frac{\left(A_2 - \theta A_1 - p_2 + \frac{\theta}{2}(w_1 + A_1 - \theta A_2 + \theta p_2 (2 - \alpha))\right)\alpha p_2}{1 - \theta^2} \tag{5.9}$$

$$\frac{\partial^2 \pi_P^A}{\partial w_1^2} \frac{\partial^2 \pi_P^A}{\partial p_2^2} - \frac{\partial^2 \pi_P^A}{\partial w_1 \partial p_2} \frac{\partial^2 \pi_P^A}{\partial p_2 \partial w_1} = \frac{2\alpha}{1 - \theta^2} \tag{5.10}$$

出版商的利润函数对于 w_1 和 p_2 为凹函数,我们可以得出纸质图书的批发价以及电子图书的零售价格。

定理 5.1 当出版商和零售商采用代理模式对电子图书进行定价时,在市场均衡下的图书批发价格、电子图书价格和纸质图书的价格分别如下：

$$w_1^{A*} = \frac{c + A_1 - (1 - \alpha)\theta A_2}{2} \tag{5.11}$$

$$p_2^{A*} = \frac{A_2}{2} \tag{5.12}$$

---

① 商鸿业.电子书成本与定价分析[J].科技与出版,2013(4):88-93.

$$p_1^{A*} = \frac{3A_1 + c - \theta A_2}{4} \tag{5.13}$$

此时对于电子图书来讲,电子图书的价格仅与电子图书的市场份额有关。

此时的出版商和零售商的利润函数如下:

$$\pi_P^{A*} = \frac{(A_1 - \theta A_2 - c)^2 + 2\alpha A_2^2(1-\theta^2)}{8(1-\theta^2)} \tag{5.14}$$

$$\pi_R^{A*} = \frac{(A_1 - \theta A_2 - c)^2 + 4(1-\alpha)A_2^2(1-\theta^2)}{16(1-\theta^2)} \tag{5.15}$$

此时代理模式下的纸质图书和电子图书的市场需求量分别如下:

$$D_1^A = \frac{A_1 - \theta A_2 - c}{4(1-\theta^2)} \tag{5.16}$$

$$D_2^A = \frac{(2-\theta^2)A_2 - \theta A_1 + \theta c}{4(1-\theta^2)} \tag{5.17}$$

推论 5.1 在代理模式下,当出版商制定电子图书的零售价格时,出版商和零售商之间的谈判能力大小不影响电子图书零售价格的制定,纸质图书的零售价格不仅与其市场规模有关,还与两种产品之间的替代性相关。

在代理模式下,当出版商制定电子图书的零售价格时,式(5.12)和式(5.13)给出了电子图书和纸质图书的均衡价格,可以看出均衡价格与 α 无关,则说明出版商和零售商之间的谈判能力大小不影响电子图书和纸质图书的零售价格的制定,纸质图书的零售价格不仅与其市场规模有关,还与两种产品之间的替代性相关,当两者之间的替代性增加时,纸质图书的价格会降低。出版商和零售商之间谈判能力的大小将影响利润在二者之间的分配,但不影响市场需求量的大小。

5.2.2 传统批发价模式下图书价格均衡分析

在传统零售模式下,出版商将书籍以批发价的将图书出售给零售商,零售商根据批发价格以及市场的需求制定图书的零售价格,在电子图书出现后,亚马逊在其电子图书销售平台上进行销售就是采用和纸质图书销售模式相同的模式来销售电子图书的,我们在这里首先分析一下在传统的批发价模式下的市场均衡价格。

为了便于与代理模式相比较,我们假设在传统批发价模式下电子图书的收入在出版商和零售商的分配比例是一样的,即在传统批发价模式下,由零售商制定纸质图书和电子图书的零售价格，而电子图书在销售以后将一定比例的数额给出版商，这个比例和我们代理模式下的比例是相同的，即这个比例是由出版商和零售商的谈判来决定的。在传统的批发价模式下，零售商的利润函数如下：

$$\pi_R^W(p_1,p_2) = \frac{(A_1-\theta A_2-p_1+\theta p_2)(p_1-w_1)}{1-\theta^2} +$$

$$\frac{(A_2-\theta A_1-p_2+\theta p_1)(1-\alpha)p_2}{1-\theta^2} \qquad (5.18)$$

利润函数的一阶、二阶导数如下：

$$\frac{\partial \pi_R^W}{\partial p_1} = \frac{-2p_1+w_1+A_1-\theta A_2+(2-\alpha)\theta p_2}{1-\theta^2} \qquad (5.19)$$

$$\frac{\partial \pi_R^W}{\partial p_2} = \frac{\theta(p_1-w_1)-(1-\alpha)p_2+(A_2-\theta A_1-p_2+\theta p_1)(1-\alpha)}{1-\theta^2} \qquad (5.20)$$

$$\frac{\partial^2 \pi_R^W}{\partial p_1^2}\frac{\partial^2 \pi_R^W}{\partial p_2^2} - \left(\frac{\partial^2 \pi_R^W}{\partial p_1 \partial p_2}\right)^2 = \frac{4(1-\alpha)-(2-\alpha)^2\theta^2}{1-\theta^2} \qquad (5.21)$$

根据函数的二阶条件我们看出，当 $\theta < \frac{2\sqrt{1-\alpha}}{2-\alpha}$，零售商利润函数为凹函数，我们可以得出在给定纸质图书的批发价格后零售商制定的纸质图书和电子图书的零售价格如下：

$$p_1^{W^*} = \frac{(2\alpha+2\theta^2-\alpha\theta^2-2)w_1+(\alpha^2\theta^2+2\alpha+2\theta^2-2-3\alpha\theta^2)A_1+\alpha\theta(1-\alpha)A_2}{\alpha^2\theta^2-4(1-\theta^2)(1-\alpha)}$$

$$(5.22)$$

$$p_2^{W^*} = \frac{\alpha\theta w_1-\alpha\theta A_1+(2\alpha+2\theta^2-2-\alpha\theta^2)A_2}{\alpha^2\theta^2-4(1-\theta^2)(1-\alpha)} \qquad (5.23)$$

当 $\theta \geq \frac{2\sqrt{1-\alpha}}{2-\alpha}$ 时，我们可以看出当两种形式的电子图书的替代性相当高的时候，对于零售商来讲，其最优的决策为仅仅销售电子图书，因为电子图书具有成本优势。

给定纸质图书和电子图书的零售价格，我们可以得出出版商的利润函数如下：

$$\pi_P^W(w_1) = \frac{(A_1-\theta A_2-p_1^{W^*}+\theta p_2^{W^*})(w_1-c)}{1-\theta^2} + \frac{(A_2-\theta A_1-p_2^{W^*}+\theta p_1^{W^*})\alpha p_2^{W^*}}{1-\theta^2}$$

$$(5.24)$$

根据函数的一阶条件，可以得出在传统批发价模式下的纸质图书的批发价格：

$$w_1^{W*} = \frac{c+A_1-(1-\alpha)\theta A_2}{2} + \frac{\alpha^2\theta^2(2-\alpha)(A_1-\theta A_2-c)}{2[\alpha^3\theta^2+8(1-\theta^2)(1-\alpha)^2]} \quad (5.25)$$

$$\frac{\partial^2 \pi_R^W}{\partial w_1^2} = \frac{-2[\alpha^3\theta^2+8(1-\theta^2)(1-\alpha)^2]}{[\alpha^2\theta^2(2-\alpha)(A_1-\theta A_2-c)]^2} < 0 \quad (5.26)$$

给定纸质图书的批发价格，我们可以得出纸质图书的零售价格。

定理 5.2 当出版商和零售商采用批发模式对电子图书进行定价时，在市场均衡下的纸质图书的价格和电子图书价格分别如下：

$$p_1^{W*} = \frac{3A_1+c-\theta A_2}{4} + \frac{(2-\alpha)^2\alpha\theta^2(A_1-\theta A_2-c)}{4[\alpha^3\theta^2+8(1-\theta^2)(1-\alpha)^2]} \quad (5.27)$$

$$p_2^{W*} = \frac{A_2}{2} + \frac{\alpha(1-\alpha)\theta(A_1-\theta A_2-c)}{\alpha^3\theta^2+8(1-\theta^2)(1-\alpha)^2} \quad (5.28)$$

比较电子图书和纸质图书的零售价格在两种模式下的不同取值，可以发现代理模式下的价格要低于在传统批发价模式下的结果。

$$\frac{\mathrm{d}p_1^{W*}}{\mathrm{d}\alpha} = \frac{\theta(A_1-\theta A_2-c)[2(2\alpha+1)(\alpha-2)(1-\theta^2)-\alpha^3(2-\theta^2)]}{4[\alpha^3\theta^2+8(1-\theta^2)(1-\alpha)^2]^2} < 0$$

$$(5.29)$$

$$\frac{\mathrm{d}p_2^{W*}}{\mathrm{d}\alpha} = \frac{(A_1-\theta A_2-c)[8(1-\alpha)^2(1-\theta^2)-\alpha^3\theta^2(2-\alpha)]}{[\alpha^3\theta^2+8(1-\theta^2)(1-\alpha)^2]^2} \quad (5.30)$$

推论 5.2 在传统批发模式下，出版商和零售商之间的谈判能力大小影响电子图书零售价格和纸质图书的价格，纸质图书的价格随着 α 的增加而降低。

当 α 增加时，即电子图书销售后支付给出版商的比例增加时，电子图书留给零售商的比例降低，为增大零售商的利润，图书出版商会增加纸质图书的零售价格，纸质图书的价格会增加，但此时电子图书的价格可能会增加也可能会降低。

5.3 不同模式下的供应链成员间的利润分配情况

5.3.1 供应链集中决策时图书定价决策分析

为了便于分析，我们这儿分析出版商和零售商作为一个整体时的价格均衡值，虽然这是个理想的状态，但是我们可以分析批发模式下和代理模式下的供应链运行绩效系统运行效果，并以此作为一个参照。当出版商和零售商作为一个系

统,集中制定相关决策时,纸质图书的批发价和利润分配比例 α 为系统内部参数,供应链系统的利润函数如下:

$$\pi_{P+R}^{I}(p_1,p_2) = \frac{(A_1 - \theta A_2 - p_1 + \theta p_2)(p_1 - c)}{1 - \theta^2} + \frac{(A_2 - \theta A_1 - p_2 + \theta p_1)p_2}{1 - \theta^2} - F \tag{5.31}$$

为使供应链利润最大化,根据函数的一阶条件及二阶条件可以得出纸质图书和电子图书的零售价格如下:

$$p_1^{I^*} = \frac{A_1 + c}{2} \tag{5.32}$$

$$p_2^{I^*} = \frac{A_2}{2} \tag{5.33}$$

即如果从系统利润最大化角度考虑,对于供应链系统来讲最优的定价策略是对纸质图书和电子图书分别独立定价,此时供应链利润额最大为:

$$\pi_{P+R}^{I^*} = \frac{(A_1 - c)(2\theta A_2 - A_1 + c) - A_2^2}{4(1 - \theta^2)} - F \tag{5.34}$$

推论 5.3 代理模式下的纸质图书的价格低于传统的批发模式下的产品定价,但高于供应链集中决策时的产品定价;电子图书的价格低于传统批发模式下的产品定价,和供应链集中决策时的产品定价相等。

表 5-1 给出了在代理模式和传统批发模式下的纸质图书和电子图书均衡价格,同时还进一步给出了当出版商和零售商为同一决策主体时,为使系统利润额最大两种形式图书的最佳定价策略。

表 5-1 不同情形下的均衡价格比较

	纸质图书均衡价格	电子图书均衡价格
代理模式	$p_1^{A^*} = \dfrac{3A_1 + c - \theta A_2}{4}$	$p_2^{A^*} = \dfrac{A_2}{2}$
批发模式	$p_1^{W^*} = \dfrac{3A_1 + c - \theta A_2}{4} + \dfrac{(2-\alpha)^2 \alpha \theta^2 (A_1 - \theta A_2 - c)}{4[\alpha^3 \theta^2 + 8(1-\theta^2)(1-\alpha)^2]}$	$p_2^{W^*} = \dfrac{A_2}{2} + \dfrac{\alpha(1-\alpha)\theta(A_1 - \theta A_2 - c)}{\alpha^3 \theta^2 + 8(1-\theta^2)(1-\alpha)^2}$
整体模式	$p_1^{I^*} = \dfrac{A_1 + c}{2}$	$p_2^{I^*} = \dfrac{A_2}{2}$

由上表可以看出, $p_1^{W^*} > p_1^{A^*} > p_1^{I^*}$; $p_2^{W^*} > p_2^{A^*} = p_2^{I^*}$ 。代理模式下的纸质

图书的价格低于传统的批发模式下的产品定价,但高于供应链集中决策时的产品定价;电子图书的价格低于传统批发模式下的产品定价,和供应链集中决策时的产品定价相等。也就是说,相比较于传统的批发定价模式,代理模式的采用使得纸质图书和电子图书的价格都有所降低,这无疑使得读者在代理模式采用后而受益。在亚马逊通过其平台销售电子图书时,代理模式的采用后电子图书的价格不但没有降低反而有所增加,这里可能的原因有以下两点:(1) 亚马逊在推出其电子图书销售终端即 Kindle 电子图书阅读器时,为了促进电子图书阅读器的销售将电子图书的价格设定在了一个相对较低的水平上,这实际是亚马逊的促销手段之一,关于电子图书阅读器硬件和电子图书的价格制定问题,读者可以参照 Yu 等的研究[①]的分析;(2) 出版商在采用代理模式以后提高电子图书的价格并不是一个合理的决策,其提高电子图书的价格的行为并没有考虑到电子图书给纸质图书所带来的替代效应,由于电子图书的价格提高,会使更多的读者选择纸质图书,而纸质图书销售所带来的边际利润要低于电子图书,故如果考虑电子图书和纸质图书的整体销售情况,提高电子图书价格并不会为出版商带来利润的增加。

另外,比较传统批发模式和代理两种模式下整个供应链的利润,可以发现代理模式的采用相比较于传统批发模式使得整个供应链系统的利润额增加,但代理模式下仍然不能实现供应链系统的利润最大值,也就是说,考虑到电子图书和纸质图书之间的竞争,传统的批发契约不能实现供应链协调的目的,同时代理模式也不能实现供应链协调的目的。由于 $p_1^{W*} > p_1^{A*} > p_1^{I*}$;$p_2^{W*} > p_2^{A*} = p_2^{I*}$,而 $\pi_{P+R}^{I}(p_1^{I*}, p_2^{I*})$ 为供应链利润额最大值,故 $\pi_{P+R}^{I}(p_1^{I*}, p_2^{I*}) > \pi_{P+R}^{I}(p_1^{A*}, p_2^{A*}) > \pi_{P+R}^{I}(p_1^{W*}, p_2^{W*})$,即虽然代理模式和传统的批发契约都不能实现供应链协调的目的,但代理模式的采用可以使得供应链运行效率较批发模式下的供应链运行效率有所提高。

5.3.2 代理模式下的供应链利润分配分析

根据式(5.14)和式(5.15),我们可以得出在代理模式下的出版商和零售商构成的供应链系统的利润值之和为:

---

① Yu A M, Hu Y, Fan M. Pricing strategies for tied digital contents and devices[J]. Decision Support Systems, 2011, 51(3): 405-412.

$$\pi_{P+R}^{IA} = \frac{3(A_1 - \theta A_2 - c)^2 + 4A_2^2(1-\theta^2)}{16(1-\theta^2)} - F \qquad (5.35)$$

α 为代理模式下的出版商获取的电子图书销售份额,其值的确定取决于出版商及零售商之间的谈判能力大小,α 的大小将决定利润额在出版商和零售商之间的分配比例,当 α 值增加时,出版商获取的利润额增加,而零售商获取的利润额减少。对于整个供应链系统来讲,谈判能力的大小并不影响整个供应链系统的运作效率,仅仅影响利润在供应链成员之间的分配比例。

$$\frac{d\pi_P^{A^*}}{d\theta} = -\frac{(A_1 - \theta A_2 - c)(A_2 - \theta A_1 + \theta c)}{4(1-\theta^2)^2} < 0 \qquad (5.36)$$

$$\frac{d\pi_R^{A^*}}{d\theta} = -\frac{(A_1 - \theta A_2 - c)(A_2 - \theta A_1 + \theta c)}{8(1-\theta^2)^2} < 0 \qquad (5.37)$$

故当两种形式图书的替代性增加时,出版商和零售商的利润额会降低。这是由于当两者替代性增加,纸质图书和电子图书之间的竞争会加剧,从而出现利润侵蚀效应,使得图书零售商和出版商的利润额同时减少。

5.3.3 批发价模式下的供应链利润分配分析

以上前两节的分析表明,在传统的批发价模式下的纸质图书和电子图书的价格较代理模式下高,可以得出从代理模式到批发模式下的图书的价格变动情况:

$$\Delta p_1 = p_1^{W^*} - p_1^{A^*} = \frac{(2-\alpha)^2 \theta B}{4} \qquad (5.38)$$

$$\Delta p_2 = p_2^{W^*} - p_2^{A^*} = (1-\alpha)B \qquad (5.39)$$

$$\Delta w_1 = w_1^{W^*} - w_1^{A^*} = \frac{(2-\alpha)\alpha\theta B}{2} \qquad (5.40)$$

$$B \equiv \frac{\alpha\theta(A_1 - \theta A_2 - c)}{\alpha^3\theta^2 + 8(1-\theta^2)(1-\alpha)^2} \qquad (5.41)$$

$$\frac{\Delta p_1}{\Delta w_1} = \frac{2-\alpha}{2\alpha} \qquad (5.42)$$

当 $\alpha > \frac{2}{3}$ 时,$\frac{\Delta p_1}{\Delta w_1} < 1$,即 $\Delta w_1 > \Delta p_1$,在代理模式在实践的应用中,α 的取值常见的有以下两个:$\alpha = 0.7$,在亚马逊与五大出版商签订的代理销售合同以及苹果通过其销售平台销售的电子图书过程中的实践中取该值;而在国内一些出版商和图书零售商的电子图书销售中,$\alpha = 0.8$。故在这两个取值中,在大部分情形中,

$a > \frac{2}{3}$ 都成立,故 $\Delta w_1 > \Delta p_1$ 也成立。

从批发模式到代理模式转变过程中,图书的零售价格会下降,而图书的市场需求会跟随价格的下降而增加,则纸质图书和电子图书的需求变动部分为:

$$\Delta D_1 = \frac{\alpha^2 \theta B}{4(1-\theta^2)} \tag{5.43}$$

$$\Delta D_2 = \frac{[1-\alpha-\theta^2(2-\alpha)^2]B}{4(1-\theta^2)} \tag{5.44}$$

$$\frac{D_1}{\Delta D_1} = 1 + \frac{8(1-\theta^2)(1-\alpha)^2}{\alpha^3 \theta^2} \tag{5.45}$$

$$\frac{p_1 - c + \Delta p_1}{\Delta p_1} = 1 + \frac{(3A_1 - 3c - \theta A_2)}{(2-\alpha)^2 \theta B} \tag{5.46}$$

$$\frac{w_1 - c + \Delta w_1}{\Delta w_1} = 1 + \frac{(A_1 - c - \theta A_2 + \alpha \theta A_2)}{(2-\alpha)\alpha \theta B} \tag{5.47}$$

$$\frac{D_2}{\Delta D_2} = \frac{(2-\theta^2)A_2 - \theta A_1 + \theta c}{B[1-\alpha-\theta^2(2-\alpha)^2]} \tag{5.48}$$

$$\frac{p_2 + \Delta p_2}{\Delta p_2} = 1 + \frac{A_2}{(1-\alpha)B} \tag{5.49}$$

由代理模式到批发模式,供应链系统的利润额减少,故:

$$\Delta \pi_{P+R} = D_1 \Delta p_1 - \Delta D_1 (p_1 + \Delta p_1 - c) + [D_2 \Delta p_2 - \Delta D_2 (p_2 + \Delta p_2)] < 0 \tag{5.50}$$

则出版商和零售商的利润变化分别为:

$$\Delta \pi_P = D_1 \Delta w_1 - \Delta D_1 (w_1 + \Delta w_1 - c) + \alpha [D_2 \Delta p_2 - \Delta D_2 (p_2 + \Delta p_2)] \tag{5.51}$$

$$\Delta \pi_R = D_1 (\Delta p_1 - \Delta w_1) - \Delta D_1 (p_1 - w_1 + \Delta p_1 - \Delta w_1) + (1-\alpha)[D_2 \Delta p_2 - \Delta D_2 (p_2 + \Delta p_2)] \tag{5.52}$$

当 $a > \frac{2}{3}$ 时,$\frac{p_1 - c + \Delta p_1}{\Delta p_1} - \frac{w_1 - c + \Delta w_1}{\Delta w_1} < 0$,则出版商的利润变化为:

$$\Delta \pi_P = D_1 \Delta w_1 - \Delta D_1 (w_1 + \Delta w_1 - c) + \alpha [D_2 \Delta p_2 - \Delta D_2 (p_2 + \Delta p_2)] < 0$$

从批发模式到代理模式转变时,供应链系统的利润额增加,若在电子图书销售后出版商的分配比例较大时,纸质图书为出版商所带来的边际利润变化的幅度将大于系统变化的幅度,故当供应链系统的利润额增加时,出版商的利润额也会增加,同时增加的比例要大于供应链增加的比例。这就是为什么出版商会积极主动地推广代理模式,而作为图书零售商的亚马逊等图书销售商在代理模式推广的过程中积极性并不是特别高的所在原因之一。

5.4 电子图书销售商的归属权对价格均衡的影响

在电子图书的销售过程中,有些电子图书销售商在销售纸质图书的同时还销售电子图书,如亚马逊,而有些电子图书销售商为独立零售商,仅仅通过其平台销售电子图书,如苹果公司在其平板电脑上销售电子图书,就不涉及任何纸质图书的销售。本节将分析若电子图书销售商独立存在于纸质图书销售商时的市场价格均衡的变动情况,不失一般性,本节分析内容假定纸质图书销售商和电子图书销售商为同时行动的 Nash 均衡分析,而出版商仍然为 Stackelberg 博弈领导者。

5.4.1 代理模式下的均衡价格分析

代理模式下,纸质图书的销售仍然为传统的批发价模式,此时纸质图书零售商会根据需求来制定纸质图书的零售价格,电子图书由电子图书零售商销售,但电子图书的价格决策在代理模式下由出版商来制定。给定纸质图书的批发价,纸质图书零售商的利润函数如下:

$$\pi_{PR}^{AI}(p_1) = \frac{(A_1 - \theta A_2 - p_1 + \theta p_2)(p_1 - w_1)}{1 - \theta^2} \tag{5.53}$$

根据此函数的一阶和二阶条件,我们可以得出纸质图书的价格反应函数:

$$\frac{d^2 \pi_{PR}^{AI}}{dp_1^2} = -\frac{2}{1-\theta^2} < 0$$

$$p_1^{AI*} = \frac{w_1 + A_1 - \theta A_2 + \theta p_2}{2} \tag{5.54}$$

根据纸质图书的价格,我们可以得出出版商在代理模式下的利润函数,其中出版商需要制定纸质图书的批发价格以及电子图书的零售价格,出版商的利润函数如下:

$$\pi_P^{AI}(w_1, p_2) = \frac{[A_1 - \theta A_2 - \frac{1}{2}(w_1 + A_1 - \theta A_2 + \theta p_2) + \theta p_2](w_1 - c)}{1-\theta^2} + \frac{[A_2 - \theta A_1 + \frac{\theta}{2}(w_1 + A_1 - \theta A_2 + \theta p_2) - p_2]p_2\alpha}{1-\theta^2} - F \tag{5.55}$$

其中 α 为电子图书销售后的电子图书收入中留给出版商的比例。

$$\frac{\partial^2 \pi_P^{AI}}{\partial w_1^2}\frac{\partial^2 \pi_P^{AI}}{\partial p_1^2} - \frac{\partial^2 \pi_P^{AI}}{\partial w_1 \partial p_2}\frac{\partial^2 \pi_P^{AI}}{\partial p_2 \partial w_1} = \frac{(\alpha^2 + 6\alpha + 1)\theta^2 - 8\alpha}{4(1-\theta^2)^2} \quad (5.56)$$

当 $0 < \theta < \sqrt{\frac{8\alpha}{\alpha^2 + 6\alpha + 1}}$ 时,出版商的利润函数对于 w_1 和 p_2 为凹函数,根据一阶条件和二阶条件,可以得出代理模式下的纸质图书的批发价格以及电子图书的零售价格分别为:

$$w_1^{AI*} = \frac{(3\alpha\theta^2 + \theta^2 - 4\alpha)c + (\alpha^2\theta^2 - 4\alpha + 3\alpha\theta^2)A_1 + \alpha(1-\alpha)\theta(2-\theta^2)A_2}{(\alpha^2 + 6\alpha + 1)\theta^2 - 8\alpha}$$

(5.57)

$$p_2^{AI*} = \frac{(1-\alpha)\theta c - (1-\alpha)\theta A_1 + (3\alpha\theta^2 - 4\alpha + \theta^2)A_2}{(\alpha^2 + 6\alpha + 1)\theta^2 - 8\alpha} \quad (5.58)$$

从而我们进一步得到纸质图书的零售价格为:

$$p_1^{AI*} = \frac{(\theta^2 - 2\alpha + \alpha\theta^2)c + \alpha(\alpha\theta^2 + 5\theta^2 - 6)A_1 + \alpha\theta(3 - \alpha - 2\theta^2)A_2}{(\alpha^2 + 6\alpha + 1)\theta^2 - 8\alpha}$$

(5.59)

纸质图书零售商和电子图书零售商的最优利润额为:

$$\pi_{PR}^{AI*} = \frac{\alpha^2(1-\theta^2)[2c - 2A_1 + (1+\alpha)\theta A_2]^2}{[(\alpha^2 + 6\alpha + 1)\theta^2 - 8\alpha]^2} \quad (5.60)$$

$$\pi_{PR}^{AI*} =$$
$$\frac{(1-\alpha)((1-\alpha)\theta(c-A_1) + (3\alpha\theta^2 - 4\alpha + \theta^2)A_2)((1+\alpha)\theta(A_1 - c) + (-4\alpha + 2\alpha\theta^2)A_2)}{((\alpha^2 + 6\alpha + 1)\theta^2 - 8\alpha)^2}$$

(5.61)

出版商的利润最优值为:

$$\pi_P^{AI*} = \frac{\alpha\{-c^2 + [2A_1 - (1+\alpha)\theta A_2]c - A_1^2 - \alpha(2-\theta^2)A_2^2 + (1+\alpha)\theta A_1 A_2\}}{((\alpha^2 + 6\alpha + 1)\theta^2 - 8\alpha)} - F$$

(5.62)

当 $\theta > \sqrt{\frac{8\alpha}{\alpha^2 + 6\alpha + 1}}$ 时,电子图书和纸质图书之间的替代性如此之高,以至于对于出版商来说,由于电子图书的成本优势,仅仅出售电子图书给出版商带来的利润额将会更高,此时,对于出版商来说放弃纸质图书的销售是其更好的选择。

5.4.2　传统批发模式下的图书价格均衡

在传统零售模式下，出版商将书籍以批发价的将图书出售给零售商，零售商根据批发价格以及市场的需求制定图书的零售价格，在电子图书出现后，亚马逊对电子图书进行销售就是采用和纸质图书销售模式相同的模式即传统的批发模式，以下分析在传统的批发模式下的市场均衡价格。

在传统的批发模式下，纸质图书销售商及电子图书销售商的利润函数分别为 $\pi_{PR}^{WI^*}$ 和 $\pi_{ER}^{WI^*}$，其函数表达式如下：

$$\pi_{PR}^{WI}(p_1) = \frac{(A_1 - \theta A_2 - p_1 + \theta p_2)(p_1 - w_1)}{1 - \theta^2} \tag{5.63}$$

$$\pi_{ER}^{WI}(p_2) = \frac{(A_2 - \theta A_1 - p_2 + \theta p_1)(p_2 - w_2)}{1 - \theta^2} \tag{5.64}$$

其中 w_i 为纸质图书和电子图书的零售价格。可以看出：$\frac{\partial^2 \pi_{PR}^{WI}}{\partial p_1^2} = \frac{\partial^2 \pi_{ER}^{WI}}{\partial p_2^2} = -\frac{2}{1-\theta^2} < 0$，同时 $\frac{\partial^2 \pi_{PR}^{WI}}{\partial p_1^2} \frac{\partial^2 \pi_{ER}^{WI}}{\partial p_2^2} - \frac{\partial^2 \pi_{PR}^{WI}}{\partial p_1 \partial p_2} \frac{\partial^2 \pi_{ER}^{WI}}{\partial p_1 \partial p_2} = \frac{4 - \theta^2}{(1-\theta^2)^2} > 0$。由于 $\theta \in [0, 1]$，根据函数的一阶条件，我们可以得出零售商的价格反应函数，零售商的价格 Nash 均衡为：

$$p_1^{WI^*} = \frac{\theta(A_2 - \theta A_1 + w_2) + 2(w_1 + A_1 - \theta A_2)}{4 - \theta^2} \tag{5.65}$$

$$p_2^{WI^*} = \frac{\theta(A_1 - \theta A_2 + w_1) + 2(w_2 + A_2 - \theta A_1)}{4 - \theta^2} \tag{5.66}$$

给出零售商的价格反应函数，我们可以进一步得出出版商的利润函数如下：

$$\pi_P^{WI}(w_1, w_2) = \frac{(A_1 - \theta A_2 - p_1^{WI^*} + \theta p_2^{WI^*})(w_1 - c)}{1 - \theta^2} + \frac{(A_2 - \theta A_1 - p_2^{WI^*} + \theta p_1^{WI^*})w_2}{1 - \theta^2} - F \tag{5.67}$$

其中 c 为纸质图书的单位生产成本，F 为出版商的固定成本投入，这部分费用与出版商决定出版什么形式的书籍没有直接关系。以上函数的二阶条件如下：

$$\frac{\partial^2 \pi_P^{WI}}{\partial w_1^2} \frac{\partial^2 \pi_P^{WI}}{\partial w_2^2} - \frac{\partial^2 \pi_P^{WI}}{\partial w_1 \partial w_2} \frac{\partial^2 \pi_P^{WI}}{\partial w_2 \partial w_1} = \frac{4}{(1-\theta^2)(4-\theta^2)} > 0$$

根据出版商利润函数的一阶条件和二阶条件可以得出出版商制定的纸质图

书和电子图书的批发价格如下：

$$w_1^{WI*} = \frac{A_1 + c}{2} \tag{5.68}$$

$$w_2^{WI*} = \frac{A_2}{2} \tag{5.69}$$

代入我们前面分析的结果，我们可以得出纸质图书和电子图书的零售价格如下：

$$p_1^{WI*} = \frac{2c + (6 - 2\theta^2)A_1 - \theta A_2}{2(4 - \theta^2)} \tag{5.70}$$

$$p_2^{WI*} = \frac{\theta c - \theta A_1 + (6 - 2\theta^2)A_2}{2(4 - \theta^2)} \tag{5.71}$$

同时零售商以及出版商的最优利润值分别如下：

$$\pi_{PR}^{WI*} = \frac{[(2 - \theta^2)(A_1 - c) - \theta A_2]^2}{4(1 - \theta^2)(4 - \theta^2)^2} \tag{5.72}$$

$$\pi_{ER}^{WI*} = \frac{[(2 - \theta^2)A_2 - \theta(A_1 - c)]^2}{4(1 - \theta^2)(4 - \theta^2)^2} \tag{5.73}$$

$$\pi_P^{WI*} = \frac{(2 - \theta^2)[A_2^2 + (A_1 - c)^2] - 2\theta A_2(A_1 - c)}{4(1 - \theta^2)(4 - \theta^2)^2} - F \tag{5.74}$$

5.4.3 均衡价格及供应链利润分配分析

当电子图书零售商独立存在于纸质图书销售商时，市场的均衡价格及供应链的利润分配问题变得较为复杂，我们采用数值算例来分析市场的均衡价格及供应链利润分配比例。

不失一般性，我们假设 $A_1 = A_2 = 1, \alpha = 0.7$，则代理模式下的图书的均衡价格如下：

$$p_1^{AI*} = \frac{(1.7\theta^2 - 1.4)c - 1.4\theta^3 + 3.99\theta^2 + 1.61\theta - 4.2}{4.79\theta^2 - 5.6}$$

$$p_2^{AI*} = \frac{0.3\theta c + 3.1\theta^2 - 0.3\theta - 2.8}{4.79\theta^2 - 5.6}$$

此时，为保证存在两种形式的图书，则 $\theta < \sqrt{\frac{8\alpha}{\alpha^2 + 6\alpha + 1}} = 0.9921$。

表 5-2　电子图书零售商独立时不同模式下的均衡价格比较

图书类型		均衡价格
纸质图书	代理模式	$p_1^{AI^*} = \dfrac{(\theta^2 - 2\alpha + \alpha\theta^2)c + \alpha(\alpha\theta^2 + 5\theta^2 - 6)A_1 + \alpha\theta(3 - \alpha - 2\theta^2)A_2}{(\alpha^2 + 6\alpha + 1)\theta^2 - 8\alpha}$
	批发模式	$p_1^{WI^*} = \dfrac{2c + (6 - 2\theta^2)A_1 - \theta A_2}{2(4 - \theta^2)}$
电子图书	代理模式	$p_2^{AI^*} = \dfrac{(1-\alpha)\theta c - (1-\alpha)\theta A_1 + (3\alpha\theta^2 - 4\alpha + \theta^2)A_2}{(\alpha^2 + 6\alpha + 1)\theta^2 - 8\alpha}$
	批发模式	$p_2^{WI^*} = \dfrac{\theta c - \theta A_1 + (6 - 2\theta^2)A_2}{2(4 - \theta^2)}$

在批发模式下的图书均衡价格分别为：

$$p_1^{WI^*} = \frac{2c + (6 - 2\theta^2 - \theta)}{2(4 - \theta^2)}$$

$$p_2^{WI^*} = \frac{\theta c - \theta + (6 - 2\theta^2)}{2(4 - \theta^2)}$$

当 $c = 0.3$ 时，代理模式下和批发模式下的纸质图书价格和电子图书价格随替代性变化而变化的趋势图见图 5-2：

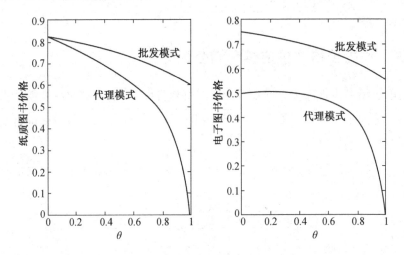

图 5-2　两种模式下图书价格随替代性大小的变化趋势

根据上图可以看出，即使在电子图书零售商独立存在于纸质图书零售商时，代理模式下的纸质图书和电子图书均衡价格仍然低于传统批发模式下的价格，也就是说电子图书销售商的归属权并不会影响我们前面分析的结果。

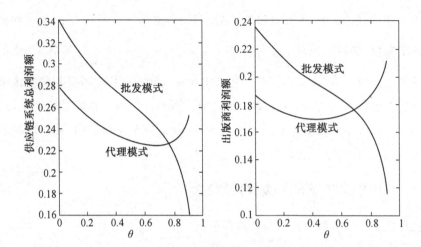

图 5-3 两种模式下的供应链系统和出版商利润随替代性大小变化的趋势

另外,代理模式相比较于传统的批发模式,在电子图书和纸质图书之间的替代性不是很高的情况下,代理模式下的供应链系统利润总额要高于传统的批发模式,同时出版商也会因为代理模式的采用而使利润额增加,这也就是在苹果公司与几大出版商在进行电子图书的销售谈判中,出版商在推广代理模式应用过程中的积极主动性较高的原因所在。

5.5 需求函数改变对分析结果的影响

除了我们前面分析所采用的需求函数外,在文献中还常使用的是 McGuire 和 Staelin[①] 给出的市场需求函数,其表达式如下:

$$q_1 = \mu S \left(1 - \frac{\beta}{1-\theta} p_1 + \frac{\beta\theta}{1-\theta} p_2 \right) \quad (5.75)$$

$$q_2 = (1-\mu) S \left(1 + \frac{\beta\theta}{1-\theta} p_1 - \frac{\beta}{1-\theta} p_2 \right) \quad (5.76)$$

其中 $0 \leqslant \mu \leqslant 1, 0 \leqslant \theta < 1$ 且 β 和 S 非负。

上式中 S 可以表示为整个图书市场的市场规模大小。参数 μ 代表了纸质图书占有全部图书的市场规模比例,θ 和我们前面分析的内容相似,代表了纸质图书和

[①] McGuire T W, Staelin R. An Industry Equilibrium Analysis of Downstream Vertical Integration[J]. Marketing Science, 1983, 2(2): 161-191.

电子图书的替代性大小。参数 β 和 θ 刻画了市场需求的价格弹性大小。为了保证市场的需求非负,参数满足以下条件:$\frac{\theta}{1+\theta} \leqslant \mu \leqslant \frac{1}{1+\theta}$ 且 $c\beta \leqslant 1$,其中 c 为纸质图书的单位生产成本。该市场需求的表达其实和我们前面分析时所采用的需求函数所刻画的需求特征很类似,该函数中也刻画了两产品的潜在市场需求大小,产品之间的替代性大小以及需求的价格弹性大小,我们这节中将证明,在该市场需求函数下,以上分析的结果将仍然成立。

5.5.1 代理模式下的市场均衡分析

代理模式下的零售商的利润函数如下:

$$\pi_R^A(p_1) = \mu S\left(1 - \frac{\beta}{1-\theta}p_1 + \frac{\beta\theta}{1-\theta}p_2\right)(p_1 - w_1) + $$
$$(1-\mu)S\left(1 + \frac{\beta\theta}{1-\theta}p_1 - \frac{\beta}{1-\theta}p_2\right)p_2(1-\alpha) \tag{5.77}$$

给定纸质图书的批发价格,可以得出图书零售商的价格反应函数如下:

$$p_1^{A^*} = \frac{\mu(1-\theta+\beta w_1) + \theta\beta p_2(1-\alpha) + \mu\alpha\theta\beta p_2}{2\mu\beta} \tag{5.78}$$

给定以上反应函数,可以得出出版商的利润函数如下:

$$\pi_P^A(w_1, p_2) = \mu S\left(1 - \frac{\beta}{1-\theta}p_1^{A^*} + \frac{\beta\theta}{1-\theta}p_2\right)(w_1 - c) + $$
$$(1-\mu)S\left(1 + \frac{\beta\theta}{1-\theta}p_1^{A^*} - \frac{\beta}{1-\theta}p_2\right)p_2\alpha - F \tag{5.79}$$

当 $\theta^2 - 4\mu(1-\mu)(\theta^2 - 2\alpha\theta^2 + 2\alpha) < 0$ 时,出版商的利润函数为凹函数,根据一阶条件可以得出出版商的最优决策变量的取值如下:

$$w_1^{A^*} = \frac{\mu(1-\mu)[\alpha(2\theta^3 + 2\theta^2 - 4) + 4\alpha(1-\theta^2)(\alpha\theta - \beta c) + 2\theta^2\beta c(\alpha-2)] + \alpha\theta(1-\mu)[(2-3\theta^2+\theta-\theta\beta c) - 4\alpha(1-\theta^2)] + \theta^2\beta c}{\beta[\theta^2 - 4\mu(1-\mu)(\theta^2 - 2\alpha\theta^2 + 2\alpha)]}$$
$$\tag{5.80}$$

$$p_2^{A^*} = \frac{\mu(1-\mu)(4\alpha(-1+\theta^2) + \theta(1-\theta-\beta c)(1-\mu^2)}{\beta[\theta^2 - 4\mu(1-\mu)(\theta^2 - 2\alpha\theta^2 + 2\alpha)]} \tag{5.81}$$

将上式代入式(5.78),可以得出纸质图书的零售价格如下:

$$p_1^{A^*} = \frac{-\mu(1-\mu)[2\alpha(2\theta^3 - 3\theta^2 - 2\theta + 3) - 2\theta^2(1+\theta) + \beta c(2\alpha + \theta^2 - 2\alpha\theta^2)] + (1-\mu)(5\theta^2 + \alpha\theta^3 - \alpha\theta - \theta^3) + \mu^2\theta^2(4+\beta c) - 4\theta^2}{\beta[\theta^2 - 4\mu(1-\mu)(\theta^2 - 2\alpha\theta^2 + 2\alpha)]}$$

$$\tag{5.82}$$

5.5.2 批发价模式下的市场均衡

批发价模式下的零售商的利润函数如下:

$$\pi_R^W(p_1,p_2) = \mu S\left(1 - \frac{\beta}{1-\theta}p_1 + \frac{\beta\theta}{1-\theta}p_2\right)(p_1 - w_1) +$$

$$(1-\mu)S\left(1 + \frac{\beta\theta}{1-\theta}p_1 - \frac{\beta}{1-\theta}p_2\right)(p_2 - w_2) \quad (5.83)$$

当 $-4\mu + 4\mu^2 + \theta^2 < 0$,以上函数为凹函数,由于 $\frac{\theta}{1+\theta} \leqslant \mu \leqslant \frac{1}{1+\theta}$,该条件满足。故可以得出零售商的决策反应函数如下:

$$p_1^{W*} = \frac{2\mu(1+\beta w_1)(\mu-1) - (1-w_2\beta)\theta(2\mu-1)(\mu-1) + \theta^2(1-\mu+\mu w_2\beta)}{\beta(-4\mu+4\mu^2+\theta)}$$

$$(5.84)$$

$$p_2^{W*} = \frac{2\mu(1+w_2)(\mu-1) - \mu(1-w_1\beta)\theta(2\mu-1) + \theta^2[\mu+(1-\mu)w_2\beta]}{\beta(-4\mu+4\mu^2+\theta)}$$

$$(5.85)$$

给定以上反应函数,可以得出出版商的利润函数如下:

$$\pi_P^W(w_1,w_2) = \mu S\left(1 - \frac{\beta}{1-\theta}p_1^{W*} + \frac{\beta\theta}{1-\theta}p_2^{W*}\right)(w_1 - c) +$$

$$(1-\mu)S\left(1 + \frac{\beta\theta}{1-\theta}p_1^{W*} - \frac{\beta}{1-\theta}p_2^{W*}\right)w_2 - F \quad (5.86)$$

可以得出出版商的批发价决策:

$$w_1^{W*} = \frac{\beta c + 1}{2\beta} \quad (5.87)$$

$$w_2^{W*} = \frac{1}{2\beta} \quad (5.88)$$

从而可以进一步得到此时的纸质图书和电子图书的价格:

$$p_1^{W*} = \frac{\mu\beta c(\theta^2+2\mu-2) - 2\mu(1-\mu)(3-\theta) - (1-\mu)(1-\theta) + \theta^2}{\beta(-4\mu+4\mu^2+\theta)}$$

$$(5.89)$$

$$p_2^{W*} = \frac{6\mu(\mu-1) - \mu\theta(2\mu-1)(1-\beta c) + (1+\mu)\theta^2}{\beta(-4\mu+4\mu^2+\theta)} \quad (5.90)$$

从以上分析结果来看,在传统的批发价模式下,出版商关于两种图书的批发价与市场的需求分布无关,两种产品的批发价只与其单位可变成本及价格需求弹性有关。

5.5.3 两种模式下均衡价格及供应链利润的比较分析

以上所给出的价格相对比较复杂,通过以上分析结果不能直接看出两种情形下的均衡价格的大小,Li 和 Liu 的研究[①]给出了在这种需求函数下的价格均衡值的大小比较,以及在不同模式下的供应链系统利润和出版商利润的变化值,读者可以参照该文的分析,在本节中,我们同样使用算例的方法来对两种模式下的均衡价格及利润分配进行分析。

不失一般性,我们假设潜在市场需求量为 1,且电子图书和纸质图书市场需求为对称即 $S=1; \mu=\frac{1}{2}$,同时,代理模式下的电子图书收入分配比例为三七分成,即 $\alpha=0.7$,同时假设 $\beta=1, c_T=0.3$。根据以上我们分析的结果,可以得出在需求函数改变后的供应链利润函数及不同模式下的价格均衡变化情况,见图 5-4～图 5-6。

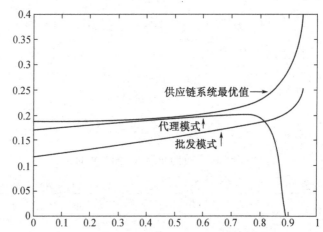

图 5-4　需求函数改变后的供应链系统利润随替代性大小变化的趋势

---

① Li Y, Liu N. Pricing models of e-books when competing with p-books[J]. Mathematical Problems in Engineering, 2013, 2013: 1-14.

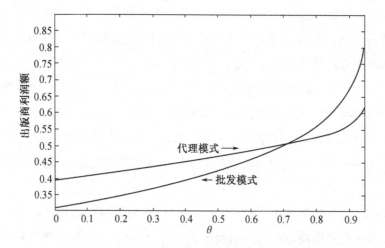

图 5-5　出版商利润额随替代性大小变化的趋势

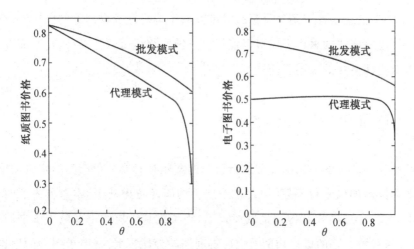

图 5-6　需求函数改变后不同模式下的图书均衡价格比较

图 5-4 给出了供应链系统的总利润函数在不同的合作模式下随两种形式图书之间的替代性大小变化的趋势。在传统的批发模式下，随着两种形式图书之间替代性的增加，供应链系统的利润总额会增加；在代理模式下，供应链系统的利润函数随着替代性的增加存在先增加后减少的趋势。在两种形式图书之间的替代性小于某一特定值时，代理模式下的供应链系统利润额高于传统批发模式下的供应链系统利润额，即代理模式的采用可以提高供应链系统的利润额，但距离供应链系统利润最优值还有一定的差距，即代理模式不能够达到供应链协调的目的，但可以提高供应链系统运行效率。

图 5-5 给出了出版商的利润随两种形式图书替代性大小变化的趋势。同样，在电子图书和纸质图书的替代性较小时，代理模式的采用可以提高出版商的利润额，代理模式可以使得出版商受益。

图 5-6 给出了在传统批发模式和代理模式下的纸质图书和电子图书的均衡价格随两者替代性大小变化的趋势。当两种形式图书的替代性增加时，两种形式图书间的竞争加剧，纸质图书和电子图书的均衡价格都会降低，读者会因此而获得较低的价格，同时，在代理模式下的均衡价格要低于传统批发模式下的均衡价格。

总而言之，当需求函数采用不同的形式时，我们所分析得到的结果和前面非常类似，即使改变所使用的需求函数形式，定价权的归属以及出版商和零售商之间的合作模式的不同所带来的系统的运行效率也是存在不同的，定价权归于出版商，对于完全信息条件下的系统运行效率要高于传统批发合同下的供应链运行效率。同时，代理模式的采用不仅可以使得供应链系统运行效率提高，出版商和读者也会因为代理模式的采用而受益。

5.6 本章小结

目前关于供应链协调的文章进行研究的文献有时会分析产品的定价问题，但大多文学针对如何定价问题，而对谁来定价的问题考虑甚少。本章分析了两种定价合作模式，代理模式和传统批发模式下，当考虑到纸质图书和电子图书的竞争关系时，两种模式下的价格均衡及供应链利润的分配情况。在电子图书的销售中，传统批发模式下的图书定价权归属于图书零售商，而在代理模式下，电子图书的定价权归属于出版商。以下为本章主要的研究结论：

（1）当纸质图书和电子图书的替代性小于某一特定值时，代理模式下的市场均衡价格高低于传统批发模式下的价格，不论是电子图书价格还是纸质图书价格都是代理模式下的相对较低，因此读者会因为代理模式的采用而获取更低的图书价格；

（2）代理模式可以使得供应链系统的利润总额增加，故从供应链系统角度出发，代理模式的采用可以帮助提高供应链运行效率，供应链系统会因为代理模式的采用而获取更高的利润额；

（3）如果出版商的谈判能力较大,电子图书销售后分配给出版商的销售收入较大时,代理模式的采用可以使得出版商的利润增加,而图书零售商的利润额增加的幅度会低于出版商的利润增加额,出版商更加乐于选择代理模式,即代理模式的采用可以提高出版商的利润额,故在代理模式的推广积极中出版商的主动性较图书零售商要高。

第六章　图书销售双渠道供应链协调策略分析

在上一章,我们分析了电子图书和纸质图书的销售渠道存在"利润侵蚀"效应,这是建立在电子图书的销售和纸质图书的销售存在相互的替代的基础上的,但这种产品之间的替代性对于供应链系统是否总是带来不利影响?同时电子图书和纸质图书的关系远非相互替代这么简单,除了相互替代性,电子图书和纸质图书的相关销售数据的分析以及消费者对于两种形式图书的态度分析都表明,此两种形式的图书还存在一定的互补性,互补性的存在是否会降低渠道间的冲突?另外,纸质图书和电子图书的销售是否可以采用渠道间的合作以降低渠道间的冲突,以及采用何种合作模式等问题是本章分析的内容。

6.1　传统纸质图书供应链基于回购契约的协调策略分析

本章分析的传统纸质图书供应链是由一个出版商和一个图书零售商构成,假设纸质图书的销售过程类似于易逝品的销售,图书的生产周期较长,销售过程较短,一本图书的销售周期从半年到一年不等,图书零售商往往根据市场销售情况来确定图书的上架时间。出版商需要在销售周期开始前制定拟出版图书数量的决策,图书零售商会根据对市场需求的预测来订购图书制定采购图书的数量,当图书出现脱销的情况,图书零售商可以再次向出版商补货,但会产生缺货成本。对于纸质图书的出版商来说,补货过程较为复杂,我们假设不允许图书出版商再次补货。不失一般性,我们假设图书出版商为 Stackelberg 领导者。

以下为本章分析中的符号及其含义:

D:纸质图书的市场需求量,我们假设需求为非负连续型随机变量;

$f(x), F(x)$ 分别为纸质图书的市场需求概论密度以及分布函数;

μ:市场需求量的期望值,$\mu = \int_0^\infty f(x)\mathrm{d}x$

p_p:纸质图书的零售价格,假定该为外生变量;

g_p:当市场出现缺货时出版商所面临的单位产品缺货成本;

g_r:当市场中出现缺货时图书零售商所承担的缺货成本,$g = g_r + g_p$;

c_p:纸质图书单位生产成本;

c_r:纸质图书的单位产品销售成本,$c = c_r + c_p$;

w:出版商将纸质图书销售给零售商的批发价;

v:销售周期结束后图书的残余价值;

Q:图书零售商向图书出版商订购的图书数量;

此时以上符号有以下限制条件:$p_p > w > c > v$。

6.1.1 在传统批发价合同下的采购决策分析

在传统批发价合同下,出版商将图书以批发价出售给图书零售商,零售商根据图书的批发价以及图书的销售数量的预测来制定采购数量决策,由于无法准确预测到实际需求量,当图书零售商采购过多的图书时,在销售周期结束后会有未售出图书,而当图书零售商采购的图书数量不足时,则会为图书零售商以及图书出版商带来缺货损失。对于图书零售商,给定采购数量则纸质图书的期望销售量为:

$$S(Q) = Q(1 - F(Q)) + \int_0^Q x f(x) \mathrm{d}x = Q - \int_0^Q F(x) \mathrm{d}x \tag{6.1}$$

假定 $I(Q)$ 为销售周期结束后的未售出产品的期望数量,则 $I(Q) = Q - S(Q)$;$L(Q)$ 为期望销售损失数量,则 $L(Q) = \mu - S(Q)$。

在传统批发价合同下的图书零售商的期望利润为:

$$\pi_r^{PO}(Q) = p_p S(Q) + v I(Q) - g_r L(Q) - w Q \tag{6.2}$$

整理如下:

$$\pi_r^{PO}(Q) = (p_p - v + g_r) S(Q) - (c_r + w - v) Q - g_r \mu \tag{6.3}$$

为使期望利润最大化,根据一阶条件则得出图书零售商的采购数量满足以下条件:

$$F(Q_r^{PO*}) = 1 - \frac{w + c_r - v}{p_p - v + g_r} \tag{6.4}$$

图书出版商根据图书零售商的采购订单来进行发货,出版商拟出版图书的数

量为图书零售商的采购数量之和,故此时对于图书出版商来说,图书出版商的利润函数为:

$$\pi_p^{PO}(Q) = wQ - g_p(\mu - S(Q)) - c_p Q \tag{6.5}$$

6.1.2 集中决策下的采购决策分析

在集中决策下,零售商和出版商是一个整体,对于整个供应链系统来讲,需要进行决策的变量为出版商拟出版图书的数量,整个供应链系统的期望利润函数为:

$$\pi_{r+p}^{SC}(Q) = p_p S(Q) + vI(Q) - gL(Q) - cQ \tag{6.6}$$

整理如下:

$$\pi_{r+p}^{SC}(Q) = (p_p - v + g)S(Q) - (c - v)Q - g\mu \tag{6.7}$$

若从供应链系统期望利润最大化角度来看,根据一阶条件可以得出供应链系统利润最大化时的出版商图书出版数量满足以下条件:

$$F(Q_{r+p}^{SC*}) = 1 - \frac{c - v}{p_p - v + g} \tag{6.8}$$

由于 $1 - \frac{w + c_r - v}{p_p - v + g_r} < 1 - \frac{c - v}{p_p - v + g}$,而 $F(Q)$ 为单调递增函数,故 $Q_r^{PO*} < Q_{r+p}^{SC*}$。也就是说在传统批发价合同下,零售商的订购批量要小于使得供应链系统利润期望值最大化的订购批量,从而形成了"双重边际化"问题,批发价合同无法帮助供应链系统实现供应链协调的目的。为了鼓励下游零售商加大采购批量,达到实现供应链协调的目的,在供应商和零售商之间建立合理的契约可以帮助实现供应链协调,其中回购契约在单一供应链协调的研究中已经证实在一定条件下是一种有效的协调策略,而实践中回购契约也的确在纸质图书供应链中也得到广泛应用。

6.1.3 回购契约下的图书订购决策分析

在传统纸质图书销售中,大多畅销书籍的销售广泛采用"寄售"的方式,即出版商将已经出版的图书通过发行商配送至各零售书店,书店在完成书籍销售后的指定时间向出版商完成回款,同时将未售出的书籍返回至图书出版商,其实这种模式就是回购契约的一种应用。在回购契约下,零售商可以将一定比例的未售出图书返回出版商,由出版商来处理未售出图书,回购契约下的未售出的产品所产生的库存风险由零售商转移给了出版商,出版商在期望利润额增大的同时,需要承担更大的市场风险,从而达到了供应链系统的利润最大化的目的。

在回购契约下,零售商可以以一定的回购价格 r 将一定比例 ρ 的图书返回给出版商,其中 $p_p > w > r > v$,在回购契约下图书零售商的期望利润函数为:

$$\pi_r^{RP}(Q) = p_p S(Q) + r\min[I(Q),\rho Q] + v\max[0, I(Q) - \rho Q] - g_r L(Q) - wQ \tag{6.9}$$

为使图书零售商的期望利润最大化,则订购批量满足以下条件:

$$p_p + g_r - w - F(Q^*)(p_p + g_r - r) - F[(1-\rho)Q^*](1-\rho)(r-v) = 0 \tag{6.10}$$

若使订购批量满足供应链利润最大化,则:

$$F(Q^*) = 1 - \frac{c-v}{p_p - v + g} \tag{6.11}$$

整理可得如下:

$$p_p + g_r - w - \frac{p_p + g - c}{p_p - v + g}(p_p + g_r - r) - F[(1-\rho)Q^*](1-\rho)(r-v) = 0 \tag{6.12}$$

若上式成立,则供应链协调目的可以达到,通过图书供应商调整 ρ 的值,则以上可以成立,故在此种情况下,回购契约可以帮助实现供应链协调的目的。

关于回购契约的研究文献非常多,也相对较为成熟,从 Pasternack[1] 对回购契约能够帮助解决"双重边际化"问题,实现供应链的协调,到 Wang 的研究[2] 发现回购契约可以通过增加零售商之间的竞争程度从而使得供应商的利润额增加,不论是在运营领域还是在营销领域,研究人员对回购契约的研究从未停止。在理论分析中,回购契约被证实了是一种可以帮助实现供应链协调的有效策略。

回购契约在纸质图书供应链中的应用也从实践中证实了这种合作模式可以帮助供应链提高运行效率。从以上分析中可以发现,回购契约可以鼓励下游零售

---

[1] Pasternack B A. Optimal pricing and return policies for perishable commodities[J]. Marketing Science,2008,27(1):133-140.

[2] Wang H. Do returns policies intensify retail competition?[J]. Marketing Science,2004,23(4):611-613.

商采购更多的商品,通过改变下游零售商的目标函数表达形式,使得零售商的利润函数达到最优值时供应链系统的利润函数也达到最优,从而达到实现供应链协调的目的。但从风险角度分析,我们可以发现在图书供应商的期望利润额增加时,部分库存过多的风险也由零售商转移到了图书供应商,即当提供的产品数量多于市场需求时所产生多余库存要处理的风险由图书零售商转移给了供应商。故在纸质图书供应链中,回购契约可以帮助实现供应链协调的目的,但同时作为供应商的出版商将承担较回购契约实施前更大的风险。

6.2 基于缺货的替代性对纸质图书供应链协调的影响

电子图书由于其产品的特殊性,对于零售商来讲不存在缺货和多余库存要处理的风险,电子图书对于纸质图书存在一定的替代性,但这种替代性对于读者和出版商并不一定是坏事情。当纸质图书销售出现脱销时,如果同时有电子图书销售,这时部分读者会转而购买电子图书,如在 2012 年,当莫言获得当年的诺贝尔文学奖后,一时间莫言的作品成为各大图书商场、电商网站最为热销的图书,无论如何补货,还是带来了莫言图书供应不求而致脱销的局面。此时,电子图书的出现则会有效地缓解纸质图书脱销的局面。

假设电子图书的销售价格为 p_e,本章不考虑电子图书的定价权问题,假设电子图书的价格为给定价格,其指的是当销售一本电子图书后,出版商可以获得的收入。当纸质图书缺货时,我们假设部分读者会以一定的概率转而选择电子图书,选择电子图书的比例为 θ,即若 $D>Q$ 时,纸质图书缺货,缺货数量为 $D-Q$,则对于电子图书来说增加的市场需求量为 $\theta(D-Q)$,则当存在电子图书时,即使在传统批发价合同下,纸质图书零售商的利润函数不变,但出版商的利润函数为:

$$\pi_p^{E+P}(Q) = wQ - g_p(1-\theta)(\mu - S(Q)) - c_p Q + p_e\theta(\mu - S(Q)) \quad (6.13)$$

比较式(6.5)和式(6.13)可以发现,电子图书的出现可以增加出版商的期望利润额,这部分增加额的一部分是由于电子图书和纸质图书之间的替代性所致的电子图书的销售收入所带来的,另一部分是由于缺货成本的降低所带来的。当纸质图书缺货时,若存在电子图书,则部分读者会转而购买电子图书,从而使得出版商的利润额增加。即使不考虑出版商和纸质图书销售商的回购契约,由于电子图书和纸质图书之间存在替代性,这会在纸质图书缺货时为出版商带来的缺货损失减少,同时还增加了部分电子图书的销售额,从而使得出版商期望利润值增加。

故电子图书的出现不仅在满足了读者对于电子图书这种新技术带来的新增需求上,同时还在纸质图书脱销时能够起到"候补替代"的作用,这种"候补替代"对出版商和传统纸质图书供应链的协调问题并非总会带来不利影响,这种"替代性"能够帮助缓解纸质图书供应链成员间的冲突的同时,还带来供应链系统及出版商期望利润额的增加。同时,由于电子图书产品的无形特征,电子图书的销售不存在库存持有成本,也不存在缺货时所带来的缺货损失,故将电子图书作为纸质图书的替代品进行销售时,不仅可以缓解纸质图书销售中的"不协调"问题,还会在没有增加传统出版商的风险的前提下带来期望利润额的增加。

6.3 产品之间的不同特性对渠道冲突的影响

以上两节分析内容是基于纸质图书市场需求为随机变量来基础开展的,这实际是纸质图书市场需求的不确定性所带来的供应链成员间的冲突。设想,以上分析内容,如果对于纸质图书出版商和零售商而言,图书的市场需求量为确定的值,那么以上的分析基础就不存在,而出版商直接根据市场需求量的大小来提供出版数量,则就不存在以上我们分析的难以实现"供应链协调"的问题了,故以上分析是基于市场需求的不确定性所开展的,而导致纸质图书供应链成员间的不协调的主要原因是市场需求的不确定性带来的,同时,回购契约的存在可以帮助解决市场需求不确定所带来的供应链协调问题,而电子图书的替代性也可以缓解纸质图书需求不确定所带来的供应链不协调问题。

6.3.1 "自利性行为"对供应链系统运行效率的影响

本节将不考虑需求的不确定性,假定市场的需求受价格影响,给定零售价格,就可以得出市场需求得大小,在一般情况下,由于各成员的自利性行为将带来的供应链成员间冲突问题,同时我们将进一步分析电子图书对于纸质图书的互补性的特点对纸质图书供应链协调的影响。不失一般性,我们假设纸质图书和电子图书的需求函数分别如下:

$$D_p = a_1 - b_1 p_p + c_1 p_e \qquad (6.14)$$

$$D_e = a_2 - b_2 p_e + c_2 p_p \qquad (6.15)$$

其中 a_1、a_2 分别代表纸质图书和电子图书的潜在市场规模，b_1、b_2 代表市场需求对纸质图书和电子图书价格的弹性系数，c_1、c_2 代表两种形式图书间的替代性或者互补性，当 $c_i > 0$ 时，两种不同形式的图书之间呈现出相互替代性；当 $c_i < 0$ 时，两种形式的图书呈现出了互补特征；当 $c_i = 0$ 时，两种形式的图书市场需求相互独立。

当市场中只有纸质图书销售时，则纸质图书的市场需求函数为：$D_p = a_1 - b_1 p_p$，在传统批发价合同下，纸质图书零售商的利润函数为：$\pi_R^P = (a_1 - b_1 p_p)(p_p - w_p)$，为使纸质图书销售利润最大化，则纸质图书零售商的定价决策为：$p_p^* = \dfrac{a_1 + b_1 w}{2b_1}$。而如果从供应链角度出发考虑，纸质图书供应链系统利润函数如下：$\pi_{P+R}^P = (a_1 - b_1 p_p)(p_p - c)$，为使纸质图书供应链利润函数最大化，则纸质图书的价格为：$p_p^* = \dfrac{a_1 + b_1 c}{2b_1} < \dfrac{a_1 + b_1 w}{2b_1}$，故在纸质图书销售中供应链利润最大化时对应的价格要低于独立决策时的图书零售商的价格，同时，市场需求量也是在供应链利润最大化时所对应的需求量大。也就是说，在市场需求受价格的影响时，即使在需求确定的情况下，仍然不能实现供应链协调的目的，"双重边际化"问题仍然存在，这种供应链的不协调问题是由于参与主体的"自利性"行为所带来的。同时，在需求受价格影响情况下，如果能够找到实现供应链协调目的的策略，则整个供应链系统可以受益，同时读者也可以因为享受到更低的零售价格而受益。

当两种形式图书同时存在时，纸质图书零售商与电子图书零售商的利润函数分别如下：

$$\pi_{PR} = (a_1 - b_1 p_p + c_1 p_e)(p_p - w) \tag{6.16}$$

$$\pi_{ER} = (a_2 - b_2 p_e + c_2 p_p) p_e \tag{6.17}$$

此时假设电子图书和纸质图书零售商同时制定产品价格，则给定纸质图书的批发价，则可以得出纸质图书和电子图书的均衡价格为：

$$p_p^* = \dfrac{a_2 c_1 + 2 a_1 b_2 + 2 b_1 b_2 w}{4 b_2 b_1 - c_1 c_2} \tag{6.18}$$

$$p_e^* = \dfrac{c_2 b_1 w + a_1 c_2 + 2 a_2 b_1}{4 b_2 b_1 - c_1 c_2} \tag{6.19}$$

给定以上价格反应函数，可以得出出版商的利润函数如下：

$$\pi_P = (a_1 - b_1 p_p^* + c_1 p_e^*)[(w - c) + (a_2 - b_2 p_e^* + c_2 p_p^*)] p_e^* \tag{6.20}$$

根据出版商利润函数的一阶条件,可以得出出版商利润最大化时纸质图书的批发价如下:

$$w_p^* = \frac{c}{2} + \frac{4(2a_1 + a_2c_1)b_1b_2 - 2a_1b_2(c_1 - c_2)c_2 - a_2c_1^2c_2 + (4a_2 + cc_2)b_1b_2c_2}{2(8b_1^2b_2^2 - 6b_1b_2c_1c_2 + c_1^2c_2^2 - b_1b_2c_2^2)}$$

(6.21)

将纸质图书的批发价格代入式(6.18)、式(6.19),可以得出纸质图书和电子图书的零售价格,如下:

$$p_p^* = \frac{2cb_1^2b_2^2 + 6a_1b_1b_2^2 + 3a_2b_1b_2c_1 - a_2c_1^2c_2 - 2a_1b_2c_1c_2 - cb_1b_2c_1c_2}{2(8b_1^2b_2^2 - 6b_1b_2c_1c_2 + c_1^2c_2^2 - b_1b_2c_2^2)}$$

(6.22)

$$p_e^* = \frac{6a_1b_1b_2c_2 + 2cb_1^2b_2c_2 + 8a_2b_1^2b_2 - cb_1c_1c_2^2 - 2a_1c_1c_2^2 - 3a_2b_1c_1c_2}{2(8b_1^2b_2^2 - 6b_1b_2c_1c_2 + c_1^2c_2^2 - b_1b_2c_2^2)}$$

(6.23)

然后,本节将考虑当供应链系统集中进行决策时的定价策略,若此时出版商和零售商作为一个系统进行决策,则电子图书和纸质图书零售价格为系统需要决策的变量,而纸质图书的批发价格作为系统内部的转移价格。

供应链系统的利润函数为:

$$\pi_{P+R} = (a_1 - b_1p_p + c_1p_e)[(p_p - c) + (a_2 - b_2p_e + c_2p_p)]p_e \quad (6.24)$$

为使供应链系统利润最大化,则电子图书和纸质图书的价格如下:

$$p_p^{Total*} = \frac{(c_1^2 - 2b_1b_2 + c_1c_2)c - a_2(c_1 + c_2) - 2a_1b_2}{(c_1 + c_2)^2 - 4b_1b_2} \quad (6.25)$$

$$p_e^{Total*} = \frac{b_1c(c_1 - c_2) - 2a_2b_1 - a_1(c_1 + c_2)}{(c_1 + c_2)^2 - 4b_1b_2} \quad (6.26)$$

比较式(6.22)、式(6.23)和上两式,同样,当电子图书和纸质图书同时存在时,"自利性"行为仍然使得决策结果偏离系统最优值。由于决策主体不同,决策的目标函数不同,导致决策的结果不同,从而使得供应链系统的利润最大化难以达到。

6.3.2 产品之间的相互关系对供应链系统的影响

以上分析可以看出电子图书和纸质图书的价格在集中决策情况下和单独决

策情况下存在不同,但我们却很难看出二者的偏离程度,为了更加清晰地比较二者之间的关系,我们采用算例分析。不失一般性,我们设 $a_1=0.5$、$a_2=0.5$、$b_1=b_2=0.1$、$c=0.1$,当 $c_1=c_2\in[-0.1,0.1]$,即此时我们假定电子图书和纸质图书的关系为相互替代或互补,当 $c_i<0$ 时,电子图书和纸质图书呈现互补特征;而 $c_i>0$ 时,二者之间为相互替代关系。图 6-1 给出了纸质图书和电子图书的价格与系统利润函数最大化时的价格之间的偏离程度。

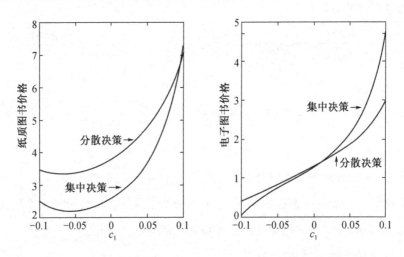

图 6-1　纸质图书和电子图书价格偏离系统利润最优化时价格的程度

据图 6-1 所示,当纸质图书和电子图书之间的关系由相互补充到相互替代转变时,纸质图书和电子图书的价格在分散独立决策时可能高于也可能会低于集中决策时所对应的价格。就纸质图书而言,当电子图书和纸质图书之间呈现出互补特征时,分散决策所带来的价格高于集中决策时的价格,而当二者之间存在替代性时,纸质图书的价格可能会在集中决策时高,也可能在分散独立决策时高。在某一替代水平下,则出现了两种情形下的价格相等的情形。不管集中决策还是分散独立决策,纸质图书的价格都存在先下降后增加的趋势。这是由于当二者之间的互补性较高时,纸质图书零售商和电子图书零售商的利润侵蚀效应会降低,故纸质图书零售商可以将价格设置在较高水平上以获取高额利润。而当二者之间互补性降低时,则电子图书的存在会迫使纸质图书零售商降低价格以获取更多的市场份额。对于电子图书的价格,当 $c_i<0$ 时,分散决策的价格高于集中决策时的价格;当 $c_i>0$,则集中决策时电子图书的价格较高。和纸质图书价格的变化不同,电子图书的价格则总是上升的趋势。

同样,利用以上数据,我们看一下不同价格水平下的供应链系统利润函数的变化情况,图6-2为供应链系统的利润总额随替代性或互补性变化而变化的趋势图。

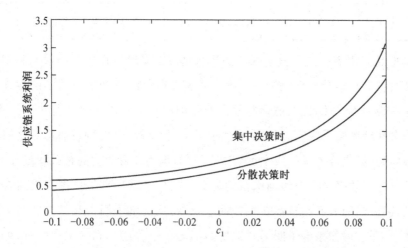

图6-2 供应链系统利润随产品之间关系变化的趋势

图6-2中可以看出,当两种产品之间存在替代性增加时,供应链系统会因此而获得更高的利润额,这也进一步说明了替代性的存在并非总是带来不利的结果。当产品之间存在互补性时,纸质图书和电子图书销售之间的竞争程度降低,从而使得两种销售渠道之间的冲突程度降低,从供应链系统角度来看,供应链系统的利润额却未必会增加。该结论与Wu等的研究结论类似,Wu等通过对相互竞争的两条供应链之间的竞争进行了研究,发现供应链之间的竞争程度增加,可以带来整个供应链系统利润的增加,故成员间竞争程度的加剧并不是件糟糕的事情,相反却为供应链系统带来更高的利润。[1] 陈远高和刘南也在研究中发现提供差异化的可替代性产品可以帮助供应链系统提高利润。[2] 这里,我们分析了纸质图书和电子图书之间的替代性以及其对供应链系统利润的影响,当二者之间的替代性增加时,电子图书和纸质图书销售之间的竞争程度也增加,竞争程度的增加同样为供应链系统带来了更高的利润。

---

[1] Wu D S, Baron O, Berman O. Bargaining in competing supply chains with uncertainty[J]. European Journal of Operational Research, 2009, 197(2): 548-556.

[2] 陈远高,刘南.电子供应链中的渠道选择与协调策略[J].统计与决策,2010(13):44-46.

表 6-1 产品之间替代性大小的不同所带来的供应链运行效率的变化

c_1	-0.1	-0.075	-0.050	-0.025	0	0.025	0.050	0.075	0.1
π_{P+R}	0.4190	0.4648	0.5339	0.6300	0.7627	0.9506	1.2291	1.6732	2.4728
π^*_{P+R}	0.6002	0.6274	0.6895	0.7817	0.9127	1.1043	1.4038	1.9318	3.1003
$\dfrac{\pi_{P+R}}{\pi^*_{P+R}}$	0.6981	0.7408	0.7743	0.8059	0.8357	0.8608	0.8756	0.8661	0.7976

这里我们用供应链系统实际利润额与供应链系统可以达到的最大利润额之比来表明供应链运行效率,表 6-1 给出了随着电子图书和纸质图书的相互关系由互补性转为替代性,供应链运行效率变化的趋势。从供应链运行效率上看,当电子图书和纸质图书之间存在互补性时,和以上分析结果类似;而产品之间的替代性增加时,供应链的运行效率也会略有增加,但当二者之间的替代程度过大时,供应链的运行效率又存在逐渐降低的趋势。故电子图书和纸质图书之间存在替代性时,供应链的利润额较存在互补性时要高,这是电子图书和纸质图书之间的竞争性带来的,但如果电子图书和纸质图书的竞争程度达到一定高度时,可能会使供应链运行效率有所损失。

当市场上只有纸质图书时,如果纸质图书的市场需求量受纸质图书的价格影响时,纸质图书供应链中必然会存在供应链成员的冲突,即在传统批发价合同下,纸质图书出版商和零售商之间会由于各自目标的不同从而带来系统利润不能达到最大值状态。电子图书的互补性虽然不能彻底解决这种由于供应链成员的"自利性"行为所带来的供应链效率降低,但会缓解纸质图书供应链成员间的这种冲突,但这可能会带来两种形式图书的高价而带来供应链运行效率的降低。

6.4 基于信息共享的图书销售合作模式分析

有人指出电子图书和纸质图书存在合作的可能性,一本新书籍问世后,首先以电子版形式推广,如果销售市场好,则先通过传统的书刊方式进行批量印刷,运送到各个零售商进行销售,待新书市场接近饱和时,停止纸质图书的印刷,将其存放于网络虚拟库中,当有读者希望购买这本书时,印刷厂根据需求数量,通过数码印刷的方式进行印刷。我们可以将其看作是基于信息共享的一种合作模式。

如果考虑整个图书的销售周期,可以将图书的销售周期看作为两个阶段的销售：当新书籍问世后，首先以电子图书的形式出版发行，这个销售过程我们称为第一阶段的销售；当市场监测信号表明销售市场好，则进行批量印刷，这个过程我们可以看作为第二阶段的销售。第二阶段的销售是否开展取决于第一阶段的市场需求量的大小，这种合作模式可以帮助出版商进一步了解图书的市场需求情况，更为准确地把握读者的需求特征，但这里的纸质图书和电子图书销售在这种合作模式下的利润分配问题及电子图书和纸质图书供应链的协调问题等问题还不够明确，本节将分析这种二阶段销售模式的供应链竞争协调问题。

纸质图书的销售面临的最大问题是由于市场需求的不确定而带来的高库存及高退货率，这也是纸质图书供应链中面临的最大问题之一。电子图书由于其产品的无形特征，不存在多余库存需要处理及缺货的风险，如果能够通过电子图书的销售情况来预测纸质图书的市场需求情况的话，这无疑会降低纸质图书多余库存及缺货风险，使得出版商及供应链系统受益，从而减少纸质图书供应链中的"高库存"和"高退货率"问题。但是否能够根据电子图书的市场销售量来预测纸质图书的市场需求量大小，这个问题还需要进一步深入讨论。

假设整个销售周期内的市场需求量为 D，按照我们前面分析的结果，根据电子图书和纸质图书之间的关系，不同的读者对两者的处理不同，正如第三章我们所分析的那样，电子图书和纸质图书的关系不仅仅是简单的相互替代的关系，有些读者会根据个人的偏好将电子图书和纸质图书看作是互补品，而电子图书和纸质图书的销售数据的相关性也表明，在一些书籍的销售中，电子图书的销售会带来纸质图书销售的增加，即电子图书和纸质图书之间呈现出了互补的特性。我们将潜在市场需求划分为四大类：第一类中的消费者为纸质图书喜爱者，这部分读者对纸质图书情有独钟，即使电子图书的功能十分强大，他们仍然仅仅钟情于选择纸质图书；第二类消费者为电子图书这种新技术所带来的新需求，和第一类读者不同，这部分读者偏爱于选择电子图书；第三类消费者根据个人的偏好及两种图书的价格来选择其所购买的图书形式，这部分读者将电子图书看作为纸质图书的替代品；第四类读者将电子图书和纸质图书看作是互补品，这部分读者即使购买了其中的一种形式的图书，仍然会购买另外一种形式的图书，如一些商务人士，由于经常面临着出差，故电子图书的便利性使其备受欢迎，同时在闲暇时间，这部分读者还喜爱享受纸质图书所带来的那种深度阅读的惬意。

$$D=D_1+D_2+D_3+D_4$$

若将图书的销售划分为二阶段销售,对于第一阶段销售的电子图书的潜在市场需求为 $D^1 = D_2 + D_3 + D_4$,对于第二阶段销售的纸质图书市场潜在需求大小为: $D^2 = D_1 + D_3 + D_4$。我们可以看出,即使是处于不同的销售阶段,电子图书和纸质图书的市场需求的构成仍然大有差别。根据我们前面对消费者的划分不同,对于第一类和第二类读者,这两部分的读者类型是完全不同的,即使第二类读者的市场需求量比较大,也很难来推断是不是第一类读者的市场需求量也很大,而对于第三类读者来说,如果在第一销售阶段中,这部分读者就已经选择了购买该图书,那么在第二阶段开始时,这部分读者就不会再次购买纸质图书了。只有第四类读者可能在购买了电子图书以后再购买同一内容的纸质版形式。

故以上我们讨论的纸质图书和电子图书的"两阶段"合作销售模式是否奏效,取决于市场需求的不同特征及消费者的不同构成。当图书的消费者可以划分为以上四类时,如果读者的市场结构组成中,第一类、第二类和第三类读者所占的市场份额较大时,那么基于信息共享的二阶段图书销售模式并不能解决纸质图书销售中的"高库存"问题,只有第四类读者所占的市场份额较大时,我们才能够根据电子图书的市场销售量来预测纸质图书的市场需求量大小,从而会减少由于需求预测的偏差所带来的供应链成员的利润损失,进而提高纸质图书供应链的运行效率。

6.5 本章小结

(1) 在传统纸质图书的销售中,由于需求量的不确定性,经常会带来纸质图书的库存量过高的问题,同时还带来了供应链成员间的不协调问题,而在电子图书的销售中,无形产品的特征使得电子图书不存在持有成本及缺货成本,这与传统纸质图书供应链存在不同。电子图书和纸质图书间存在一定的基于缺货所带来的替代性,这种替代性可以帮助降低纸质图书供应链中不协调问题的程度。

(2) 当两种形式的图书存在替代性时必然会带来渠道间的"利润侵蚀"效应,这也就是出版商们所担心的,电子图书销售量的增加会带来纸质图书销售量减少,但电子图书和纸质图书之间的互补性可以降低这种"利润侵蚀"效应。

(3) 当电子图书和纸质图书之间存在相互替代性,电子图书的出现除了可以帮助降低纸质图书供应链各成员间的冲突和协调外,当电子图书和纸质图书的替代性增加时，二者的竞争也会加剧，这种竞争的加剧也会带来整个供应链系统利润的增加。

（4）另外，纸质图书和电子图书供应链间还存在合作的可能性，如采用以下合作模式：一本新书籍问世后，首先以电子版形式推广，如果销售市场好，则先通过传统的书刊方式进行批量印刷，运送到各个零售商进行销售，待新书市场接近饱和时，停止纸质图书的印刷，将其存放于网络虚拟库中，当有读者希望购买这本书时，印刷厂根据需求数量，通过数码印刷的方式进行印刷。这种合作模式可以看作是一种基于信息共享模式的跨渠道间协调和合作模式，这种模式也是降低渠道冲突的一种策略之一，但这种合作模式能够奏效的基础是电子图书和纸质图书的市场需求互补性较强。

第七章 结论及未来研究方向

7.1 研究结论

本书以电子图书供应链特点分析为基础,根据读者的选择行为将图书市场需求进行细分,进而对电子图书出现后出版商的产品出版形式进行了分析,同时还比较分析了电子图书供应链中常见的两种不同定价模式,进一步对电子图书的出现对图书供应链的影响以及图书供应链的竞争协调问题进行了分析,主要的研究结论如下:

(1) 根据对目前相关文献的综述,本书研究发现在消费者看来电子图书和纸质图书之间并不是简单的相互替代关系。不论是对读者的产品形式选择偏好进行的调查分析,还是对数据库中的读者使用图书形式进行的分析,都表明读者在使用电子图书和纸质图书的使用模式存在不同,而对于不同的读者来说电子图书和纸质图书之间的关系也可能不同。对于一些消费者来说,电子图书和纸质图书是相互替代的关系,但对于另一些消费者来说电子图书可以看作是纸质图书的互补品而非替代品。故简单地将电子图书和纸质图书看作是对方的替代品或者互补品的话还不能够全面地反映二者之间的关系,电子图书和纸质图书之间既存在替代性又存在互补性。

(2) 在出版商进行产品形式选择决策时需要考虑的因素除纸质图书黏性的消费者市场份额大小外,还需要考虑电子图书的接受程度、电子图书和纸质图书之间的替代性大小以及电子图书较纸质图书的成本优势大小。由于电子图书较传统纸质图书具有成本优势,故在电子图书出现后,出版商开展电子图书出版业务的时间越早越好;当存在纸质图书黏性的消费者时,选择同时出版纸质图书和电子图书对于整个供应链系统来讲比仅选择出版其中的一种产品所带来的系统利润要高,也就是说当目标市场消费者种类较多时,增加销售渠道可以增加目标市场的覆盖度,从而带来利润的增加;当决定同时出版两种形式的图书时,为了获取供应链系统的利润最大化,纸质图书和电子图书的价格之差应该维持在一定范围内;只有当电子图书较纸质图书具有较高的成本优势,同时电子图书的接受程度足够高,电子图书和纸质图书对于消费者来说其替代性足够大时,放弃纸质图书的出版才可能成为一个合理的决策选择。

(3) 代理模式的采用可以大大提高供应链的运行效率,同时可以使得出版商和读者受益。当纸质图书和电子图书的替代性小于某一特定值时,代理模式下的市场均衡价格高低于传统批发模式下的价格,因此读者会因为代理模式的采用而获取更低的图书价格;从供应链系统角度出发,代理模式的采用可以帮助提高供应链运行效率,供应链系统会因为代理模式的采用而获取更高的利润额;代理模式的采用可以使得出版商的利润增加,而图书零售商的利润额增加的幅度会低于出版商的利润增加额,故相比较于零售商,出版商更加乐于选择代理模式。

(4) 在传统纸质图书的销售中,由于需求量的不确定性,经常会带来纸质图书的库存量过高的问题及供应链成员间的不协调问题,电子图书对纸质图书的互补性可以缓解供应链成员间的不协调问题;当存在多渠道销售时,如果产品之间存在相互替代性,这必然会带来渠道间的"利润侵蚀"效应,但产品间的相互替代性并非总是不利,电子图书对于纸质图书的替代性可以帮助缓解纸质图书供应链的不协调问题;而电子图书和纸质图书之间的互补性可以帮助降低这种"利润侵蚀"效应;另外,纸质图书和电子图书供应链间还存在合作的可能性,但合作模式是否可以降低渠道间的冲突从而实现供应链协调的目的,这还需要进一步分析。

总之,电子图书的出现对传统纸质图书的销售会带来影响,电子图书的销售渠道和传统纸质图书的销售渠道存在不同,电子图书供应链中的成员间冲突问题与传统纸质图书供应链的成员间冲突存在不同。图书多渠道销售时,图书供应链间的冲突及协调问题也变得更为复杂,图书出版商需要重新审视图书供应链中的各成员组成及相互利益关系,而电子图书和纸质图书之间的关系将决定着图书供应链间的横向纵向的竞争合作关系。

7.2 未来研究展望

电子图书的出现对图书供应链的影响远比我们想象中的复杂,本书仅对由出版商和图书零售商构成的二级供应链系统中的相关问题进行了分析,其中包括出版商的产品形式选择策略、定价策略以及传统纸质图书供应链的竞争协调问题等,但电子图书的出现为图书供应链所带来的实际问题比我们这里分析要复杂得多,对此方面进行的研究也刚刚起步,未来对这方面问题的研究可以从以下角度进行进一步深入分析:

(1) 电子图书供应链成员中除出版商、图书零售商外,还增加了一些新的参与主体,如内容服务提供商、硬件提供商、网络服务提供商等,本书仅由出版商和零售商构成的二级供应链进行了分析,没有考虑其他供应链参与成员的利润组成及合作模式,将供应链其他参与主体的利润及成员间的合作模式纳入电子图书供应链管理研究的领域是未来可供进一步研究的内容之一。

(2) 在讨论电子图书和纸质图书之间的关系时,我们仅根据消费者的不同态度将图书的市场需求作了划分,在现实中其他的一些因素也会影响消费者的购买决策,如图书内容所在的学科也会影响消费者在电子图书和纸质图书之间的选择,消遣类的图书消费者往往倾向于选择电子形式,而需要深度研究的学习类图书消费者则倾向于选择纸质形式,另外,电子图书阅读器这种硬件产品的销售也会影响电子图书这种内容产品的销售等,将图书的特性及电子图书阅读器这种硬件产品的特性等其他因素考虑进去,从而进一步分析图书供应链中的竞争协调问题也是未来可以开展的一个研究方向。

(3) 图书供应链的参主主体较多,各个参与主体的决策目标也可能会存在差异,仅仅使用利润最大化作为决策的唯一目标在使用中可能会存在一定的限制性,而基于行为分析的研究在供应链管理领域中也是一个全新的研究方向,通过对决策主体的行为特点进行研究,采用一些全新的研究方法对图书供应链成员组织间的竞争和协调问题进行深入分析也是未来可供开展的研究方向。

参考文献

[1] 范德韦尔,黄庆. 电子书:发现与发明[J]. 出版科学,2011,19(2):5-6.

[2] Agatz N A H, Fleischmann M, van Nunen J A E E. E-fulfillment and multi-channel distribution—A review[J]. European Journal of Operational Research, 2008, 187(2): 339-356.

[3] Ai X Z, Chen J, Zhao H X, et al. Competition among supply chains: Implications of full returns policy[J]. International Journal of Production Economics, 2012, 139(1): 257-265.

[4] Anderson E J, Bao Y. Price competition with integrated and decentralized supply chains[J]. European Journal of Operational Research, 2010, 200(1): 227-234.

[5] Bailey T P. Electronic book usage at a master's level I university: A longitudinal study[J]. The Journal of Academic Librarianship, 2006, 32(1): 52-59.

[6] Benlian A, Hess T. A contingency model for the allocation of media content in publishing companies[J]. Information & Management, 2007, 44(5): 492-502.

[7] Berg S A, Hoffmann K, Dawson D. Not on the same page: Undergraduates' information retrieval in electronic and print books[J]. The Journal of Academic Librarianship, 2010, 36(6): 518-525.

[8] Biyalogorsky E, Naik P. Clicks and mortar: The effect of on-line activities on off-line sales[J]. Marketing Letters, 2003, 14(1): 21-32.

[9] Bounie D, Eang B, Sirbu M, et al. Superstars and outsiders in online markets: An empirical analysis of electronic books[J]. Electronic Commerce Research and Applications, 2013, 12(1): 52-59.

[10] Bradley S, Kim C, Kim J, et al. Toward an evolution strategy for the digital goods business[J]. Management Decision, 2012, 50(2): 234-252.

[11] Brown A, Chou M C, Tang C S. The implications of pooled returns policies[J]. International Journal of Production Economics, 2008, 111(1): 129-146.

[12] Cai G G. Channel selection and coordination in dual-channel supply chains[J]. Journal of Retailing, 2010, 86(1): 22-36.

[13] Cao E B, Wan C, Lai M Y. Coordination of a supply chain with one manufacturer and multiple competing retailers under simultaneous demand and cost disruptions[J]. International Journal of Production Economics, 2013, 141(1): 425-433.

[14] Carreiro E. Electronic books: How digital devices and supplementary new technologies are changing the face of the publishing industry[J]. Publishing Research Quarterly, 2010, 26(4): 219-235.

[15] Cattani K D, Gilland W G, Swaminathan J M. Coordinating traditional and Internet supply chains[M]//Simchi-Levi D, Wu SD, Shen ZJ. Handbook of Quantitative Supply Chain Analysis. Boston, MA: Springer, 2004: 643-677.

[16] Chellappa R K, Shivendu S. Managing piracy: Pricing and sampling strategies for digital experience goods in vertically segmented markets[J]. Information Systems Research, 2005, 16(4): 400-417.

[17] Chellappa R K, Shivendu S. Pay now or pay later?: Managing digital product supply chains[C]//Proceedings of the 5th international conference on Electronic commerce—ICEC'03. September 30-October 3, 2003. Pittsburgh, Pennsylvania. ACM, 2003: 230-234.

[18] Chen J. Returns with wholesale-price-discount contract in a newsvendor problem[J]. International Journal of Production Economics, 2011, 130(1): 104-111.

[19] Chen J, Bell P C. Coordinating a decentralized supply chain with customer returns and price-dependent stochastic demand using a buyback

policy[J]. European Journal of Operational Research, 2011, 212(2): 293 - 300.

[20] Chen L T. Dynamic supply chain coordination under consignment and vendor-managed inventory in retailer-centric B2B electronic markets[J]. Industrial Marketing Management, 2013, 42(4): 518 - 531.

[21] Chen X, Hao G, Li L. Channel coordination with a loss-averse retailer and option contracts[J]. International Journal of Production Economics, 2014, 150: 52 - 57.

[22] Cheong C F, Tuan N C. What Users Want and What Users Do in E-books: Findings of a study on use of e-books from NTU Library[J]. Singapore Journal of Libray & Information Management, 2011, 40: 1 - 32.

[23] Chiang W Y K, Chhajed D, Hess J D. Direct marketing, indirect profits: A strategic analysis of dual-channel supply-chain design[J]. Management Science, 2003, 49(1): 1 - 20.

[24] Christianson M. Patterns of use of electronic books[J]. Library Collections, Acquisitions, and Technical Services, 2005, 29(4): 351 - 363.

[25] Christianson M, Aucoin M. Electronic or print books: Which are used? [J]. Library Collections, Acquisitions, and Technical Services, 2005, 29(1): 71 - 81.

[26] Cordón García J A, Alonso Arévalo J, Martín Rodero H. The emergence of electronic books publishing in Spain[J]. Library Hi Tech, 2010, 28(3): 454 - 469.

[27] Cumaoglu G, Sacici E, Torun K. E-book versus printed materials: Preferences of university students[J]. Contemporary Educational Technology, 2013, 4(2):121 - 135.

[28] Danaher B, Dhanasobhon S, Smith M D, et al. Converting pirates without cannibalizing purchasers: The impact of digital distribution on physical sales and Internet piracy[J]. Marketing Science, 2010, 29(6): 1138 - 1151.

[29] Deleersnyder B, Geyskens I, Gielens K, et al. How cannibalistic is the Internet channel? A study of the newspaper industry in the United Kingdom and The Netherlands[J]. International Journal of Research in Marketing, 2002, 19(4): 337-348.

[30] Dewan P. Are books becoming extinct in academic libraries? [J]. New Library World, 2012, 113(1/2): 27-37.

[31] Du R, Banerjee A, Kim S L. Coordination of two-echelon supply chains using wholesale price discount and credit option[J]. International Journal of Production Economics, 2013, 143(2): 327-334.

[32] Elias E C, Phillips D C, Luechtefeld M E. E-books in the classroom: A survey of students and faculty at a school of pharmacy[J]. Currents in Pharmacy Teaching and Learning, 2012, 4(4): 262-266.

[33] Etzion H, Pinker E, Seidmann A. Analyzing the simultaneous use of auctions and posted prices for online selling[J]. Manufacturing & Service Operations Management, 2006, 8(1): 68-91.

[34] Feng Y. Supply chain models and channel strategies for distributing tangible and intangible products with the Internet-enabled market[D]. Baltimore County: University of Maryland, 2008.

[35] Foasberg N M. Student reading practices in print and electronic media[J]. College & Research Libraries, 2014, 75(5): 705-723.

[36] Forman C, Ghose A, Goldfarb A. Competition between local and electronic markets: How the benefit of buying online depends on where you live[J]. Management Science, 2009, 55(1): 47-57.

[37] Hilton J III, Wiley D. Free E-books and print sales[J]. The Journal of Electronic Publishing, 2011, 14(1): 89.

[38] Ho H Y, Wang L W, Cheng H J. Authors, publishers, and readers in publishing supply chain: The contingency model of digital contents production, distribution, and consumption [J]. Systems Engineering Procedia, 2011, 2: 398-405.

[39] Hu F, Lim C C, Lu Z D. Coordination of supply chains with a flexible

ordering policy under yield and demand uncertainty[J]. International Journal of Production Economics, 2013, 146(2): 686 – 693.

[40] Hua G W, Cheng T C E, Wang S Y. Electronic books: To "E" or not to "E"? A strategic analysis of distribution channel choices of publishers[J]. International Journal of Production Economics, 2011, 129(2): 338 – 346.

[41] Hua G W, Wang S Y, Cheng T C E. Price and lead time decisions in dual-channel supply chains [J]. European Journal of Operational Research, 2010, 205(1): 113 – 126.

[42] Huang L Y, Hsieh Y J. Consumer electronics acceptance based on innovation attributes and switching costs: The case of e-book readers[J]. Electronic Commerce Research and Applications, 2012, 11(3): 218 – 228.

[43] Huang W, Swaminathan J M. Introduction of a second channel: Implications for pricing and profits[J]. European Journal of Operational Research, 2009, 194(1): 258 – 279.

[44] Jeffers P I, Nault B R. Why competition from a multi-channel E-tailer does not always benefit consumers[J]. Decision Sciences, 2011, 42(1): 69 – 91.

[45] Jeong B K, Khouja M, Zhao K X. The impacts of piracy and supply chain contracts on digital music channel performance [J]. Decision Support Systems, 2012, 52(3): 590 – 603.

[46] Jerath K, Netessine S, Veeraraghavan S K. Revenue management with strategic customers: Last-minute selling and opaque selling [J]. Management Science, 2010, 56(3): 430 – 448.

[47] Jiang Y B, Katsamakas E. Impact of e-book technology: Ownership and market asymmetries in digital transformation[J]. Electronic Commerce Research and Applications, 2010, 9(5): 386 – 399.

[48] Jin B H, Li Y M. Analysis of emerging technology adoption for the digital content market[J]. Information Technology and Management, 2012, 13(3): 149 – 165.

[49] Just P. Electronic books in the USA—their numbers and development

and a comparison to Germany[J]. Library Hi Tech, 2007, 25(1): 157 – 164.

[50] Kannan P K, Pope B K, Jain S. Practice prize winner: -pricing digital content product lines: A model and application for the national academies press[J]. Marketing Science, 2009, 28(4): 620 – 636.

[51] Khouja M, Park S. Optimal pricing of digital experience goods under piracy[J]. Journal of Management Information Systems, 2007, 24(3): 109 – 141.

[52] Khouja M, Park S, Cai G G. Channel selection and pricing in the presence of retail-captive consumers [J]. International Journal of Production Economics, 2010, 125(1): 84 – 95.

[53] Khouja M, Smith M A. Optimal pricing for information goods with piracy and saturation effect [J]. European Journal of Operational Research, 2007, 176(1): 482 – 497.

[54] Khouja M, Wang Y L. The impact of digital channel distribution on the experience goods industry [J]. European Journal of Operational Research, 2010, 207(1): 481 – 491.

[55] Kurata H, Yao D Q, Liu J J. Pricing policies under direct vs. indirect channel competition and national vs. store brand competition [J]. European Journal of Operational Research, 2007, 180(1): 262 – 281.

[56] Lal R, Sarvary M. When and how is the Internet likely to decrease price competition? [J]. Marketing Science, 1999, 18(4): 485 – 503.

[57] Lau A H L, Lau H S, Wang J C. Designing a quantity discount scheme for a newsvendor-type product with numerous heterogeneous retailers[J]. European Journal of Operational Research, 2007, 180(2): 585 – 600.

[58] Lee K H, Guttenberg N, McCrary V. Standardization aspects of eBook content formats[J]. Computer Standards & Interfaces, 2002, 24(3): 227 – 239.

[59] Levine-Clark M. Electronic books and the humanities: A survey at the University of Denver[J]. Collection Building, 2007, 26(1): 7 – 14.

[60] Li Y, Liu N. Pricing models of e-books when competing with p-books[J].

Mathematical Problems in Engineering,2013,2013:1-14.

[61] Liesaputra V, Witten I H. Realistic electronic books[J]. International Journal of Human-Computer Studies,2012,70(9):588-610.

[62] Lin C Y Y, Zhang J. Changing structures of SME networks: Lessons from the publishing industry in Taiwan[J]. Long Range Planning,2005,38(2):145-162.

[63] Lin C C, Chiou W C, Huang S S. The challenges facing E-book publishing industry in Taiwan[J]. Procedia Computer Science,2013,17:282-289.

[64] Lloret Romero N. The management of e-book collections and their implication on the economic management of the library[J]. The Bottom Line,2011,24(3):173-179.

[65] Lu Q H, Liu N. Pricing games of mixed conventional and e-commerce distribution channels[J]. Computers & Industrial Engineering,2013,64(1):122-132.

[66] Maxim A, Maxim A. The role of e-books in reshaping the publishing industry[J]. Procedia-Social and Behavioral Sciences,2012,62:1046-1050.

[67] Maxymuk J. A license to digitally print money[J]. The Bottom Line,2009,22(2):55-58.

[68] Na Y J, Ko I S, Xu S Y. A multilayered digital content distribution using a group-key based on web[J]. Future Generation Computer Systems,2009,25(3):371-377.

[69] Øiestad S, Bugge M M. Digitisation of publishing: Exploration based on existing business models[J]. Technological Forecasting and Social Change,2014,83:54-65.

[70] Pasternack B A. Optimal pricing and return policies for perishable commodities[J]. Marketing Science,2008,27(1):133-140.

[71] Pölönen M, Järvenpää T, Häkkinen J. Reading e-books on a near-to-eye display: Comparison between a small-sized multimedia display and a hard copy[J]. Displays,2012,33(3):157-167.

[72] Qian J. Evaluating the Kindle DX e-book reader: Results from Amazon. com customer reviews[J]. Performance Measurement and Metrics, 2011, 12(2): 95-105.

[73] Rajagopalan S, Xia N. Product variety, pricing and differentiation in a supply chain[J]. European Journal of Operational Research, 2012, 217(1): 84-93.

[74] Schomisch S, Zens M, Mayr P. Are e-readers suitable tools for scholarly work? [Z]. Ithaca: Cornell University Library, arXiv. org, 2012.

[75] Schroeder R, Wright T. Electronic books: A call for effective business models[J]. New Library World, 2011, 112(5/6): 215-221.

[76] Shabani A, Naderikharaji F, Reza Abedi M. Reading behavior in digital environments among higher education students[J]. Library Review, 2011, 60(8): 645-657.

[77] Shelburne W A. E-book usage in an academic library: User attitudes and behaviors[J]. Library Collections, Acquisitions, and Technical Services, 2009, 33(2/3): 59-72.

[78] Shin H, Benton W C. A quantity discount approach to supply chain coordination[J]. European Journal of Operational Research, 2007, 180(2): 601-616.

[79] Shulman J D, Coughlan A T, Savaskan R C. Managing consumer returns in a competitive environment[J]. Management Science, 2011, 57(2): 347-362.

[80] Sinha S, Sarmah S P. Coordination and price competition in a duopoly common retailer supply chain[J]. Computers and Industrial Engineering, 2010, 59(2): 280-295.

[81] Slater R. E-books or print books, "big deals" or local selections—What gets more use? [J]. Library Collections, Acquisitions, and Technical Services, 2009, 33(1): 31-41.

[82] Sohn W S, Ko S K, Lee K H, et al. Standardization of eBook documents in the Korean industry[J]. Computer Standards & Interfaces, 2002,

24(1): 45 – 60.

[83] Sprague N, Hunter B. Assessing e-books: Taking a closer look at e-book statistics[J]. Library Collections, Acquisitions, and Technical Services, 2008, 32(3/4): 150 – 157.

[84] Su X M. Consumer returns policies and supply chain performance[J]. Manufacturing & Service Operations Management, 2009, 11(4): 595 – 612.

[85] Subba Rao S. Electronic book technologies: An overview of the present situation[J]. Library Review, 2004, 53(7): 363 – 371.

[86] Vassiliou M, Rowley J. Progressing the definition of "e-book"[J]. Library Hi Tech, 2008, 26(3): 355 – 368.

[87] Wang H. Do returns policies intensify retail competition? [J]. Marketing Science, 2004, 23(4): 611 – 613.

[88] Wang S D, Zhou Y W, Min J, et al. Coordination of cooperative advertising models in a one-manufacturer two-retailer supply chain system[J]. Computers and Industrial Engineering, 2011, 61(4): 1053 – 1071.

[89] Wolf K H. The death of the book? [J]. Journal of Documentation, 2010, 66(3).

[90] Woody W D, Daniel D B, Baker C A. E-books or textbooks: Students prefer textbooks[J]. Computers & Education, 2010, 55(3): 945 – 948.

[91] Wu D S. Coordination of competing supply chains with news-vendor and buyback contract[J]. International Journal of Production Economics, 2013, 144(1): 1 – 13.

[92] Wu D S, Baron O, Berman O. Bargaining in competing supply chains with uncertainty[J]. European Journal of Operational Research, 2009, 197(2): 548 – 556.

[93] Wu M D, Chen S C. The impact of electronic resources on humanities graduate student theses[J]. Online Information Review, 2010, 34(3): 457 – 472.

[94] Xu G Y, Dan B, Zhang X M, et al. Coordinating a dual-channel supply chain with risk-averse under a two-way revenue sharing contract[J]. International Journal of Production Economics, 2014, 147: 171-179.

[95] Xu H, Liu Z Z, Zhang S H. A strategic analysis of dual-channel supply chain design with price and delivery lead time considerations[J]. International Journal of Production Economics, 2012, 139(2): 654-663.

[96] Su X M. Intertemporal pricing and consumer stockpiling[J]. Operations Research, 2010, 58(4-Part-2): 1133-1147.

[97] Yan R L. Managing channel coordination in a multi-channel manufacturer—retailer supply chain[J]. Industrial Marketing Management, 2011, 40(4): 636-642.

[98] Yu A M, Hu Y, Fan M. Pricing strategies for tied digital contents and devices[J]. Decision Support Systems, 2011, 51(3): 405-412.

[99] Yue X H, Raghunathan S. The impacts of the full returns policy on a supply chain with information asymmetry[J]. European Journal of Operational Research, 2007, 180(2): 630-647.

[100] Zhang R, Liu B, Wang W L. Pricing decisions in a dual channels system with different power structures[J]. Economic Modelling, 2012, 29(2): 523-533.

[101] Zhao Y X, Ma L J, Xie G, et al. Coordination of supply chains with bidirectional option contracts[J]. European Journal of Operational Research, 2013, 229(2): 375-381.

[102] 陈力. 电子书的类型与评估[J]. 国家图书馆学刊, 2008, 17(2): 51-55.

[103] 陈万梅. 大学生使用电子图书调查[J]. 河南职工医学院学报, 2012, 24(6): 810-812.

[104] 陈御钗, 王建洲. 我国图书供应链低效运作问题研究[J]. 科技与管理, 2007, 9(6): 148-150.

[105] 陈远高, 刘南. 电子供应链中的渠道选择与协调策略[J]. 统计与决策, 2010(13): 44-46.

[106] 但斌, 肖剑, 张旭梅. 双渠道供应链的产品互补合作策略研究[J]. 管理工

程学报,2011,25(3):162-166.

[107] 但斌,徐广业.随机需求下双渠道供应链协调的收益共享契约[J].系统工程学报,2013,28(4):514-521.

[108] 符玉霜.电子书的版权问题研究[J].现代情报,2011,31(1):29-31.

[109] 龚倍伦.论电子书之版权保护与限制:兼议亚马逊电子书删除事件[J].电子知识产权,2010(1):74-77.

[110] 贡小明,贡小秋,杜丽敏.河北省电子图书出版产业发展研究[J].河北学刊,2010,30(3):231-233.

[111] 中国新闻出版研究院.2012—2013中国数字出版产业年度报告(摘录)[J].出版视野,2013(4):7-10.

[112] 郝振省.2012—2013中国出版业发展报告[M].北京:中国书籍出版社,2013.[113] 胡东波,翟雯瑶.双渠道供应链定价策略与协调机制研究综述[J].科技管理研究,2013,33(2):183-186.

[114] 胡振华.电子书产业发展下的高校图书馆馆藏建设研究[J].图书馆建设,2011(3):36-39.

[115] 胡东波,翟雯瑶.双渠道供应链定价策略与协调机制研究综述[J].科技管理研究,2013,33(2):183-186.

[116] 黄飞燕,孙坦,黄国彬,等.电子图书提供商NetLibrary运营模式研究[J].图书馆杂志,2007,26(11):54-58,32.

[117] 黄国彬,孙坦,黄飞燕,等.电子图书提供商经营模式研究:以ebrary为例[J].图书馆杂志,2007,26(10):17-19,26.

[118] 黄健,肖条军,盛昭瀚.多渠道供应链管理研究述评[J].科研管理,2009,30(5):25-32.

[119] 黄丽娟.供应链管理中的牛鞭效应(Bullwhip Effect)现象研究:以图书供应链为例[J].科技进步与对策,2005,22(4):143-145.

[120] 黄敏.纸质图书与电子图书的比较及互补[J].长春理工大学学报(高教版),2007(1):187-190.

[121] 黄昱凯,万荣水,范维翔.影响读者选择电子书行为因素初探[J].出版科学,2011,19(3):12-17.

[122] 姜威,许放.电子图书产业竞争形势分析及提升策略研究[J].科技与出

版,2019(5):73-76.

[123] 晋盛武,罗海丹.基于消费者渠道偏好的供应链决策模型[J].合肥工业大学学报(自然科学版),2013,36(6):755-759.

[124] 匡文波,龚捍真,蒲俊.电子书阅读器Amazon Kindle的发展及其影响[J].图书馆理论与实践,2011(2):90-92.

[125] 李莉,刘欣,颜艳.考虑渠道偏好的双渠道供应链库存策略研究[J].工业工程,2013,16(3):45-49.

[126] 练小川.电子书应该如何定价?[J].出版参考,2011(9):39.

[127] 刘华初.电子书的前世今生[J].编辑学刊,2011(2):18-22.

[128] 刘晖.电子书定价难题之解:引入读者主体的定价机制[J].编辑之友,2010(10):39-41.

[129] 马鑫.电子图书与纸质图书协同发展研究[J].造纸装备及材料,2023,52(7):170-172.

[130] 欧继花.基于价值链理论的电子图书出版的竞争优势[D].长沙:湖南师范大学,2009.

[131] 任会兰.电子图书使用行为实证研究:以上海交通大学为例[J].情报理论与实践,2011,34(2):72-76.

[132] 商鸿业.电子书成本与定价分析[J].科技与出版,2013(4):88-93.

[133] 尚慧,李雪琴.电子图书在大学图书馆中的利用状况及存在问题研究[J].晋图学刊,2010(1):26-29,51.

[134] 孙玉玲.中国科学院国家科学图书馆用户电子图书利用和需求调查分析[J].图书馆学研究,2011(20):77-83,76.

[135] 王洪建,边瑶,周澍民.高校学生电子书阅读情况实证研究:以上海理工大学为例[J].科技与出版,2009(12):67-70.

[136] 王晶,张国际.图书退货的产生原因及对策[J].辽宁经济,2010(7):40-41.

[137] 王乐鹏,李春丽,王颖.我国电子书行业盈利模式探讨[J].现代商贸工业,2010,22(21):21-22.

[138] 王丽娜,周伟斌.专业电子书的消费者行为研究:化学工业出版社电子书读者调查问卷分析[J].科技与出版,2009(4):48-50.

[139] 王樵一.电子书也需要总经销吗?[J].出版参考,2011(16):42.

[140] 王晓光.电子书市场的双边结构及其定价策略研究[J].出版发行研究,2009(7):45-48.

[141] 王艳玲.电子书定价方法概观[J].图书馆学刊,2011,33(7):73-75.

[142] 乌苏拉·劳滕堡,邹莉.德国电子书与电子书阅读器的现状及未来发展[J].出版科学,2011,19(1):11-13.

[143] 吴春光.纸质图书与电子图书的差异化价值探讨[J].河南图书馆学刊,2009,29(3):26-28.

[144] 吴国蓉.电子图书与纸质图书比较研究[J].长沙铁道学院学报(社会科学版),2009,10(4):278-280.

[145] 吴晶晶.电子图书在国内图书馆应用研究综述[J].图书与情报,2012(2):100-103.

[146] 吴娟,李雪琴.智慧图书馆智能服务平台的构建[J].中华医学图书情报杂志,2014,23(5):1-4.

[147] 吴时宇.图书供应链现状及提高运作效率的对策[J].管理观察,2013(21):102-103.

[148] 夏雨.我国图书出版业供应链构建与管理研究[D].北京:北京印刷学院,2012.

[149] 许传永.两层双渠道供应链的优化与协调若干问题研究[D].合肥:中国科学技术大学,2009.

[150] 许传永,苟清龙,周垂日,等.两层双渠道供应链的定价问题[J].系统工程理论与实践,2010,30(10):1741-1752.

[151] 许传永,梁樑,苟清龙.一类两层双渠道供应链的库存系统优化与协调[J].预测,2009,28(4):66-70.

[152] 许垒,李勇建.考虑消费者行为的供应链混合销售渠道结构研究[J].系统工程理论与实践,2013,33(7):1672-1681.

[153] 杨明慧.电子图书消费者阅读及购买行为探析[D].广州:暨南大学,2011.

[154] 杨涛.电子图书使用行为实证研究:以华南师范大学图书馆为例[J].图书情报知识,2009(4):68-72.

[155] 杨志刚,张新兴,庞弘燊.电子书阅读器在国外图书馆的应用现状及存在问题[J].大学图书馆学报,2011,29(4):11-17.

[156] 姚娟.中美数字出版商业模式比较研究:以电子书为例[D].湘潭:湘潭大学,2011.

[157] 叶杭庆,赵美娣.电子图书在图书馆利用率的回顾与展望[J].中国出版,2011(16):59-62.

[158] 曾敏刚,王旭亮.需求不确定的双渠道供应链定价策略[J].工业工程,2013,16(2):67-73.

[159] 张春红,蒋刚苗.中文电子图书比较研究[J].大学图书馆学报,2002,20(1):35-41.

[160] 张国臣.从大学生的认知度看电子图书的发展空间:以北京工商大学图书馆为例[J].图书情报工作,2010,54(19):98-100,123.

[161] 张昊昱,冯南平.搭便车行为对双渠道供应链的影响分析[J].价值工程,2011,30(17):1-3.

[162] 张辉.零售商双渠道供应链定价决策及协调性研究[J].科技与管理,2013,15(4):45-50.

[163] 张美娟,吴丹,樊荣.试论基于供应链中游的图书流通信息平台的构建[J].出版发行研究,2009(4):37-40.

[164] 张书卿.出版业应如何面对纷纷扰扰的电子书格式之争?[J].出版发行研究,2010(8):48-50.

[165] 赵宏源.电子图书与纸质图书协同发展策略分析[J].出版与印刷,2022(5):63-73.

[166] 赵继海.DRM技术的发展及其对数字图书馆的影响[J].大学图书馆学报,2002,20(1):14-16,5.

[167] 赵宇龙,阎志芳.图书供应链中的需求变异放大现象及对策[J].科技与出版,2007(6):53-54.

[168] 中国数字出版产业年度报告课题组.《2017—2018中国数字出版产业年度报告》解读[J].出版参考,2018(8):4-8.

[169] 朱玉炜,徐琪.考虑消费者时间敏感的双渠道供应链竞争策略[J].计算机集成制造系统,2013,19(6):1363-1368.

后 记

此选题是作者博士论文的选题，毕业已然过去了九个春秋，虽然我依旧对该选题非常感兴趣，但似乎更多的是作为旁观者而不是参与者的身份来关注此问题的最新发展和相关研究。接近十年了，需要再一次对该问题进行系统梳理和整理了，图书出版业也出现了肉眼可见的颠覆性变化，2024年是时候了。

在2014年博士论文成稿之时，Kindle才刚刚面世，电子图书的出版发行还相对较新，大家还热衷于在自己家书架上摆几本高大上的精装书来装饰书房，当前，用纸质书来装饰书房的情形越来越少了，更多的读者会选择打开手机听一听别人讲书，比如说喜马拉雅的有声书和帆书读书会，或者直接利用手机或其他电子产品来阅读最新图书。作为大学教师，我们已经发现学生上课时使用电子产品来协助学习的行为非常普遍，从讲台往下看，之前大多学生会捧着教材、在自己的教材或笔记本上奋笔疾书的情形已经变成了学生随身携带一个平板、用电子笔在平板电脑上写写画画的情形。

有人说，80后这一代是互联网移民，而00后一代的学生们绝对算是网络土著了。他们出生在互联网高度发达的世界，在他们的成长过程中，电子产品和数字产品出现在生活中的方方面面，发挥了举足轻重的作用，对于他们来说，离开电子产品的生活是无法想象的。80后一代的人们在求学阶段大多还依赖于纸质书，当手捧一本新版图书时，心里会洋溢着幸福的味道，书香仍是他们感觉美好生活的源泉，这对于00后一代，可能很难再体会和感受那种感觉了。在他们的世界里，视频、语音类型的信息对于他们来说可能会更加亲切和友好。"芳林新叶催陈叶，流水前波让后波"。任何人也不能阻挡历史的前进步伐。

任何事务的发展都是必然的，当我们逐渐接受电子和数字产品来替代纸质图书作为信息交流媒介后，除了无谓的焦虑之外，我们似乎应该思考一下，作为已经存在了好几千年的图书出版业,如何拥抱变化、实现自身的发展。

纸质期刊几乎已经完全被电子期刊所替代,作为它的同胞兄弟,纸质图书的命运如何,本书将从供应链协调、渠道冲突与协调角度对图书出版供应链开展相关的研究,试图对图书定价、图书出版模式等内容开展重新思考。

仅以此书,献给正在努力学习的女儿,愿你能在知识的海洋里遨游,也许是电子书也许是纸质书,无所谓。

李 燕

2024 年 1 月 9 日